MUDAR O MUNDO TOMANDO O PODER

QUEM TEM MEDO DA DITADURA DO PROLETARIADO?

KARL MARX
FREDERICH ENGELS
VLADIMIR LÊNIN
JOSEF STÁLIN
MAO TSÉ-TUNG
KIM IL SUNG
FIDEL CASTRO
DENG XIAOPING
SAMORA MACHEL
GEORG LUKÁCS
LOUIS ALTHUSSER
ETIÉNNE BALIBAR

FERNANDO MARCELINO PEREIRA [ORG.]

KOTTER EDITORIAL

Diretor editorial: Sálvio Nienkötter
Coordenação editorial: Claudecir de Oliveira Rocha
Editor-executivo: José Ramos Junior
Editor-assistente: Luiz Felipe Cunha
Capa: Jussara Salazar
Design editorial: Carlos Garcia Fernandes
Produção: Joehverson Guslem Jacob
Preparação de originais e revisão: O Autor

Dados Internacionais de Catalogação na Publicação (CIP)
Angelica Ilacqua CRB-8/7057

P491m

Pereira, Fernando Marcelino
Mudar o mundo tomando o poder : quem tem medo da ditadura do proletariado / Fernando Marcelino Pereira. — Curitiba : Kotter editorial, 2025.
224 p.

ISBN 978-65-5361-456-7

1. Marxismo 2. Ciências sociais 3. Comunismo I. Título

CDD 335.43

25-2495

KOTTER EDITORIAL

Kotter Editorial Ltda.
Rua das Cerejeiras, 194
CEP: 82700-510 - Curitiba - PR
Tel. + 55(41) 3585-5161
www.kotter.com.br | contato@kotter.com.br

Feito o depósito legal
1ª Edição
2025

MUDAR O MUNDO TOMANDO O PODER

QUEM TEM MEDO DA DITADURA DO PROLETARIADO?

KARL MARX
FREDERICH ENGELS
VLADIMIR LÊNIN
JOSEF STÁLIN
MAO TSÉ-TUNG
KIM IL SUNG
FIDEL CASTRO
DENG XIAOPING
SAMORA MACHEL
GEORG LUKÁCS
LOUIS ALTHUSSER
ETIÉNNE BALIBAR

FERNANDO MARCELINO PEREIRA [ORG.]

Textos Selecionados

Karl Marx
Frederich Engels
Vladimir Lênin
Josef Stálin
Mao Tsé-Tung
Kim Il Sung
Fidel Castro
Deng Xiaoping
Samora Machel
Georg Lukács
Louis Althusser
Etiénne Balibar

Fernando Marcelino Pereira (Org.)

Sumário

Introdução

Quem tem medo da ditadura do proletariado?

Fernando Marcelino Pereira[1]

É provável que a ideia de debater a questão da ditadura do proletariado possa parecer estranha. Um livro que argumenta *para a necessidade da ditadura do proletariado* poderá à primeira vista parecer bizarro. O termo *ditadura do proletariado* soa não apenas datado e fora de moda, mas também desagradável. O debate que toque na questão da luta da classe trabalhadora tenderá a

[1] Nasceu em Curitiba. Pós-Doutor em Política Públicas e Planejamento Urbano, doutor em Sociologia, mestre em Ciência Política e graduado em Relações Internacionais. Militante do Movimento Popular por Moradia (MPM). Integrante do Mimesis Conexões Artísticas. É autor de diversos livros sobre a China, entre os quais *Introdução ao Planejamento na China: planos quinquenais e desenvolvimento urbano, A Revolução das Cidades Inteligentes na China, Quem tem medo do projetamento?, Reflexões sobre o Socialismo Chinês, Deng Xiaoping: as ideias que transformaram a China na superpotência do século XXI* e *A China se prepara para o declínio dos EUA: Trump, guerra comercial e a Nova Desordem Mundial* É autor também de outros livros, como *Classes Dominantes no Paraná Contemporâneo: Família, Poder e Riqueza, COVID-19 e a nova geopolítica global, Marx no século XXI: valor, crise e capitalismo financeiro, Guerra Civil Brasileira: 1891-1894, Em Defesa do Projetamento: Ignácio Rangel e os desafios brasileiros, Geopolítica Hídrica Global, Do Terceiro Mundo à emergência do Sul Global* e *Estratégias de Desenvolvimento no Sul Global: capitalismo monopolista, capitalismo de Estado ou socialismo de mercado?*.

parecer "surreal" uma vez que acontece fora dos limites da ideologia dominante, a ideologia do estado capitalista, portanto fora dos limites do senso comum. Mas isso não é motivo para evitá-lo, e menos ainda uma boa razão para abandonar a defesa da ditadura do proletariado. Ninguém sugere que a explanação, defesa e desenvolvimento desse conceito não seja difícil, que não envolva sérias contradições, que não possa ser explorada pelos propagandistas da burguesia para seus próprios interesses.

No decurso dos últimos dois séculos, foram formulados diversos conceitos de socialismo. Nas condições históricas de um ainda incipiente desenvolvimento do capitalismo e da luta de classes entre a burguesia e o proletariado, os "socialistas utópicos" (Saint-Simon, Fourier, Owen, entre os mais destacados) atacaram todas as bases da sociedade existente e, apelando ao conjunto da sociedade e sobretudo às classes privilegiadas, postularam para a substituir, sociedades ideais futuras, cujas principais características seriam: a supressão das diferenças entre a cidade e o campo, a abolição do lucro privado e do trabalho assalariado, a proclamação da harmonia social e a transformação do Estado em simples administrador da produção. Estas "fantásticas" descrições da "sociedade futura" tiveram o grande mérito de servir como primeiros materiais para instruir os operários, além de antecipar a eliminação do antagonismo de classes numa época em que esse antagonismo começava apenas a esboçar-se. Karl Marx e Friedrich Engels reconheceram o enorme mérito destes socialistas ao terem animado as primeiras lutas dos trabalhadores e ao empenharem-se na busca da utopia, de uma sociedade onde prevaleceriam a igualdade, a liberdade e a fraternidade. Mas também mostraram que o carácter utópico dos seus projetos derivava do facto de não serem fundamentados na compreensão objetiva do modo de produção capitalista.

Uma considerável parte da reflexão de Marx sobre o Estado moderno se encontra condensada nas suas obras juvenis – *Crítica à filosofia do direito* (1843), *A Questão Judaica* (1843) e *Introdução à crítica da filosofia do direito de Hegel* (1843-1844) –; os dois últimos trabalhos foram publicados nos Anais Franco-Alemães. Não seria possível analisarmos as primeiras formulações de Marx sobre o Estado sem que nos reportemos a Hegel, o pensador que (ao lado de Feuerbach) mais influenciou as jovens gerações alemãs no início do século XIX. Em 1821, ele escreveu *Princípios de filosofia do direito*, no qual apresentou a sua teoria do Estado. Para ele:

1. O Estado era a realização da Razão ou do Espírito absoluto;
2. O Estado prussiano era a forma acabada (e superior) do Estado moderno;
3. O Estado era dirigido por uma classe universal (a burocracia) à qual caberia descobrir e concretizar o "interesse geral" da sociedade;
4. A burocracia tinha a incumbência de defender o "interesse geral" em contraposição aos "interesses particulares e egoístas", localizados na sociedade civil. Esta seria o "reino das carências individuais" e dos "fins particulares egoístas";
5. A sociedade civil era formada por classes. Mas estas classes não eram grupos de indivíduos ocupando posições distintas e contrapostas em relação à propriedade dos meios de produção;
6. As classes corresponderiam aos grupos de indivíduos vinculados aos diferentes ramos das atividades econômicas (agricultura, comércio, atividades burocráticas) – na classe industrial estariam incluídos operários e patrões; na classe agrária os latifundiários e os camponeses.

A primeira grande obra política de Marx foi justamente uma contestação à teoria política de Hegel, especialmente à sua concepção sobre o Estado moderno. Na sua *Crítica à filosofia do direito* de Hegel mostrou muito bem o grau de assimilação/rejeição às teses do mestre. Marx aceitava a descrição hegeliana: separação da sociedade civil e sociedade política (= Estado). Para ele, parecia correto que a sociedade civil representasse "o reino das carências individuais e dos fins particulares egoístas". O Estado era visto como um corpo burocrático que, aparentemente, se encarregaria de representar os interesses gerais de toda a sociedade. Mas isto seria o resultado de um longo e complexo processo de alienação da própria essência humana. O jovem Marx, ao mesmo tempo em que se apropria seletivamente do pensamento de Hegel nega-o. Ali escreveu: "Hegel não deve ser censurado por descrever a essência do Estado moderno tal como ele é e sim por apresentar o que existe como essência do Estado moderno". Ou seja, o que reprovaria seriam as suas conclusões político-práticas de "apresentar o que existe como a essência do Estado" ou a realização da Razão.

Marx toma de Hegel – que por sua vez havia apropriado dos contratualistas dos séculos XVII e XVIII - os conceitos de "sociedade civil" enquanto o conjunto das relações econômicas e interesses privados e de "sociedade política" correspondendo ao Estado. Marx, por um lado, concebia uma profunda conexão entre os dois conceitos, por outro, atribuía à sociedade civil o momento decisivo da relação estabelecida entre sociedade civil e sociedade política. Para Marx, seria por meio da sociedade civil - o conjunto das relações econômicas e interesses privados -, fundadora do Estado, que se poderia compreender o surgimento do Estado, o seu caráter de classe, a natureza de suas leis, as representações sobre as quais ele se apoiaria, e assim por diante. E mais, o Estado, "criatura" da sociedade civil, constituir-se-ia num instrumento voltado para a garantia das próprias bases sobre as quais se apoiaria a sociedade civil. O Estado burguês, por exemplo, protegeria as relações capitalistas de produção, de forma a assegurar o domínio do capital sobre o trabalho, a reprodução ampliada do capital, a acumulação privada do produto social, a redistribuição do fundo público em benefício do capital, a exploração da renda fundiária etc. Portanto, o Estado seria, ao mesmo tempo, parte integrante das relações capitalistas de produção e instrumento de defesa das mesmas.

Para Marx, uma formação econômico-social é uma estrutura complexa de dominação, combinando vários modos de produção, dos quais um é o dominante. Este modo de produção dominante condiciona o funcionamento dos modos de produção subordinados. Estas estruturas complexas não são simples justaposições de diversos modos de produção, mas sim estruturas complexas únicas ou unitárias dotadas de causalidade estrutural própria, submetidas em geral ao predomínio de uma estrutura específica que corresponde à do modo de produção dominante.

O socialismo, por vezes chamado por Karl Marx de "primeira etapa da sociedade comunista", é uma sociedade "não como ela se desenvolveu a partir de suas próprias bases, mas, ao contrário, como ela acaba de sair da sociedade capitalista, portanto trazendo de nascença as marcas econômicas, morais e espirituais herdadas da velha sociedade de cujo ventre ela saiu". Trata-se, portanto, de uma fase de transição, de uma sociedade que sai diretamente da sociedade capitalista. Trata-se de uma ideia que corresponde à afirmação que Marx faz em sua crítica do Programa de Gotha: "Entre a sociedade capitalista e a comunista, situa-se o período da transformação revolucionária de uma na outra. A ele corresponde também um período político de transição, cujo Estado não pode ser senão a ditadura revolucionária do proletariado".

A posição de Marx é clara: a ditadura revolucionária do proletariado é a forma que o Estado assume na fase de transição, ou na primeira etapa do comunismo – também conhecida como socialismo. Trata-se, portanto, não de uma fase de transição nomeada ditadura do proletariado, seguida por uma segunda fase de transição chamada de socialismo. O socialismo, enquanto fase de transição, corresponde ao período em que o proletariado toma o poder político e inicia o processo de transformação da sociedade rumo ao comunismo, e neste sentido, a ditadura do proletariado se dá sob o socialismo e não antes dele.

Para Marx e Engels, o desenvolvimento do capitalismo conduziria à luta irreconciliável entre a burguesia e o proletariado. O mais provável era que a revolução proletária viesse a ter lugar nos países capitalistas mais avançados. A revolução dependia, portanto, do amadurecimento de condições objetivas e da vontade consciente e da ação política do proletariado. A revolução não levaria diretamente à sociedade propriamente comunista. A sua construção seria um processo de duas fases sucessivas.

Na fase socialista teriam lugar a extinção das classes e do Estado, a conversão da exploração burguesa na associação livre e igualitária dos trabalhadores, o desaparecimento da oposição trabalho manual - trabalho intelectual e campo - cidade. O culminar deste processo representaria a passagem à segunda e superior etapa do comunismo. Na fase superior comunista, o trabalho não seria já um meio de vida, mas sim a primeira necessidade vital; o desenvolvimento sem entraves das forças produtivas criaria abundante riqueza social, garantindo o livre e pleno desenvolvimento de todos e de cada um dos seres humanos. O triunfo da revolução proletária, assim como a passagem pela fase socialista e o advento final do comunismo era concebido por Marx e Engels como resultado da mais firme e consequente cooperação e solidariedade do proletariado internacional.

Os anarquistas historicamente lutaram contra o estado, mas, em princípio, eles não visam tomar o poder - eles se recusariam a tomá-lo se ele estivesse pendurado na frente deles. Enquanto Marx e Engels propunham que os socialistas tomassem o poder e construíssem um novo estado que expressasse diretamente os interesses da classe trabalhadora (o que eles chamaram de "ditadura do proletariado" em oposição à "ditadura do capital"), o líder anarquista Bakunin recomendou que "uma vez que o proletariado tome o Estado, ele deve agir imediatamente para aboli-lo". Isso soa bem, mas o plano de Bakunin para derrubar o capitalismo mostra grande ingenuidade. Toda revolução nasce com um campo contra-revolucionário. Se triunfantes, os revolucionários devem aproveitar todos os recursos à sua disposição para se defender de uma reação dos mercenários, milícias de direita e outras forças do lado do capital. Declará-lo "abolido" não significa realmente que a guerra de classes acabou, e faz pouco para consolidar a vitória contra o poder capitalista.

Sabemos que a ditadura do proletariado é um conceito de suma importância no léxico marxista. Com base no estudo da evolução do capitalismo, Marx concluiu que esse sistema econômico-social desembocaria numa contradição irreconciliável entre sua poderosa capacidade produtiva e a apropriação privada cada vez mais concentrada que nele vigora. E previu que essa contradição levaria a uma revolução social e ao surgimento de uma nova sociedade por meio da extinção da propriedade privada dos meios de produção. Em carta endereçada à J. Weydemeyer, Marx afirmou que o que existia de novo em sua teoria não era o fato de ter descoberto a existência das classes na sociedade moderna, nem a existência da luta entre as classes, mas sim de que tal luta "necessariamente levaria à ditadura do proletariado (...) que essa luta apenas constitui uma transição para a "abolição de todas as classes e a sociedade sem classes". A análise da experiência da Comuna de Paris permite que Marx inove o conceito de ditadura do proletariado, que passa a ser relacionado com o surgimento de uma "nova estrutura estatal". Ela serve principalmente para assegurar que os meios de produção sejam socializados e a apropriação também seja social. Tal transformação nas relações de propriedade levaria, ainda, a uma profunda transformação na superestrutura política e jurídica da sociedade. De modelo de estratégia revolucionária, o conceito de ditadura do proletariado passa a traduzir uma forma política original: a organização do proletariado em classe dominante.

A obra teórica e a atividade política de Marx e de Engels e dos primeiros marxistas, inspiraram a formação e o desenvolvimento dos partidos políticos da classe trabalhadora durante a segunda metade do século XIX, os quais concentraram a sua atenção no desenvolvimento económico do capitalismo e na organização da classe operária como uma força política própria.

Os marxistas em geral aceitavam, por exemplo, participar eleitoralmente para ganhar posições parlamentares, mas não confundiam estes propósitos com a tomada do poder e a destruição do Estado capitalista para construir, transitoriamente, um Estado dos trabalhadores e dos seus aliados. Por outras palavras, combinavam — distinguindo-as — as exigências imediatas (como a jornada de oito horas, as liberdades de associação e de expressão, ou a legislação operária), com as exigências mediatas para a construção do socialismo. Nunca antes, como nesses anos, as estratégias foram tão discutidas nos seus matizes. As diferenças grossas, tais como participar ou não na política, cederam diante de outras mais finas, referindo-se por exemplo o como e onde vai a participação política. Outra diferença relativamente à Primeira Internacional foi o desenvolvimento das organizações sindicais e partidárias. Nas últimas duas décadas do século XIX os grandes sindicatos começaram a ser uma realidade em vários países e não apenas na Grã-Bretanha; e os partidos políticos de massas também, e não só na Alemanha. Mas enquanto na Alemanha a força do Partido Social Democrata e a sua influência sobre os sindicatos era entendida como algo natural, na Grã-Bretanha e na França os sindicatos eram mais influentes que os partidos e em certas ocasiões estes e qualquer tipo de direção política eram vistos com desconfiança: no caso da França, pela longa tradição ainda presente do anarquismo tanto proudhoniano como bakuninista; e no caso da Grã-Bretanha pelo peso e pela tradição do *tradeunionismo*. De maneira semelhante havia diferenças em relação ao Estado.

Foi na Alemanha que a luta ideológica teve maior importância. Dois anos após a fundação da Segunda Internacional, o Partido Social-democrata alemão (SPD) efetuou o seu primeiro congresso de definição marxista, pois antes de 1890 a teoria marxista não podia ter penetrado, evidentemente, com profundidade excepcional. O Congresso de Erfurt adoptou um novo programa, redigido na sua parte teórica por Karl Kautsky e na sua parte prática por Edouard Bernstein. Ambas as intervenções na redação do Programa tornavam-no contraditório.

Entre a social-democracia da II Internacional, a obra de Eduard Bernstein As premissas do socialismo e as tarefas da social-democracia (1899) é a primeira revisão profunda do marxismo. Sua tese fundamental é que a democracia burguesa é a grande lei do processo histórico geral. Definia que a democracia é, ao mesmo tempo, meio e fim. É o meio da luta pelo socialismo e é a forma da realização do socialismo. Por isso, defendia uma política de reformas no interior do capitalismo e a estratégia da maioria parlamentar da social-democracia como meio para alcançar o controle do Estado, ou mesmo compartilhá-lo com os setores burgueses. Bernstein contrapunha o conceito de "democracia social" ao de "democracia" (sem adjetivos). A democracia social era algo mais amplo do que o exercício do sufrágio universal. O sufrágio universal era, "por um lado e pelo outro, a alternativa a uma revolução violenta". Com base na sua "democracia social". Bernstein opunha-se à "ditadura do proletariado" como fórmula de transição entre o capitalismo e o socialismo. Para Bernstein, a democracia significa a supressão de um governo de classe, não a substituição de uma forma deste por outra. Ou seja, democracia igual a *quase* socialismo. Daqui a importância que atribuía Bernstein à democracia e, nesta, à possibilidade das mudanças sociais no gradualismo, na evolução da sociedade: "a democracia social não pode prosseguir melhor o seu trabalho senão ocupando seu posto sem reservas na teoria da democracia, no terreno do sufrágio universal, com todas as consequências resultantes da sua táctica". Para Bernstein uma verdadeira democracia era o mais urgente e o mais importante pelo que lutar. A democracia plena seria a condição prévia para que fosse possível o socialismo: "a democracia é uma condição do socialismo".

Depois da Revolução Russa de Outubro de 1917, a questão da ditadura do proletariado assume uma particular importância, não somente do ponto de vista teórico, mas também do da política prática. Para Lênin, o primeiro elo da cadeia era a revolução proletária vitoriosa. O primeiro requisito para ser uma verdadeira revolução socialista, consistia em romper a "máquina estatal existente" e não se limitar simplesmente a apoderar-se dela. Devia igualmente abarcar tanto o proletariado como os camponeses, já que ambas as classes estão unidas pelo facto de que a máquina burocrático-militar do Estado burguês as oprime. Considerava que a transição de uma sociedade capitalista que se desenvolve no sentido do comunismo é impossível sem um período político de transição, e neste período o Estado não podia ser outro senão a Ditadura do Proletariado. Entre as transformações económicos que deviam ter lugar no início do período de transição, destacava:

a transformação da propriedade privada capitalista sobre os meios de produção em propriedade social, a nacionalização dos bancos e monopólios capitalistas (açúcar, petróleo, carvão, aço, etc.), assim como a abolição do segredo comercial e o cancelamento de todas as dívidas do Estado; em seguida, reorganizar a grande produção partindo do que havia já sido criado pelo capitalismo, mas aproveitando a própria experiência operária e estabelecendo uma disciplina rigorosa, apoiada no poder estatal dos operários armados. Este começo, baseado na grande produção, conduziria por si mesmo à extinção gradual da burocracia e à criação de uma ordem que não se pareceria em nada com a escravatura assalariada; uma ordem em que as funções de inspeção e contabilidade, cada vez mais simplificadas, seriam executadas por todos e no futuro desapareceriam como funções especiais.

Lênin herdou as posições fundamentais de Marx sobre a ditadura do proletariado. Em Estado e a Revolução afirma que "confinar o Marxismo a doutrina da luta de classes significa reduzir o Marxismo, distorce-lo, reduzindo-o aquilo que é aceitável para a burguesia". Só que, para Lênin, como a Rússia, apesar de ser um país capitalista, o seu nível de desenvolvimento era bastante débil, principalmente comparado com os países capitalistas desenvolvidos, portanto a etapa transitória do socialismo seria relativamente longa. Após a tomada do poder pelo proletariado, "as classes ainda existem, e irão existir por anos depois da conquista do poder pelo proletariado". De acordo com Lênin, a ditadura do proletariado é uma "luta persistente — sangrenta e incruenta, violenta e pacífica, militar e econômica, educacional e administrativa — contra as forças e tradições da velha sociedade". Da mesma maneira que Marx, também considerava que em uma sociedade onde persistia as diferenças entre camponeses e proletários, mesmo que o proletariado tenha derrubado a burguesia e instaurado o seu próprio poder, ainda não era possível considerá-la como uma sociedade socialista completa. Sua principal diferença é que a fonte de autoridade do governo proletário não pode ser uma lei do Estado burguês. Isso, para Lênin, significa que a construção da ordem socialista não pode resultar de reformas legislativas promulgadas por um parlamento burguês. O Estado dos trabalhadores estabelece suas próprias regras, suas próprias leis, seus próprios padrões, que não se baseiam nas leis, instituições políticas ou princípios de legitimação burgueses.

Se a presença simultânea e a interação de vários modos de produção caracterizam qualquer formação económico-social real, também caracteriza as formações econômico-sociais de transição; mas nestes casos, intervêm dois elementos suplementares fundamentais, que são o modo de dominação e as modalidades de eliminação dos modos de produção não dominantes. Por exemplo, a URSS no período de 1918-1921. Lênin assinalava a existência de cinco sistemas ou estruturas económicas diferentes: economia patriarcal, pequena economia mercantil, economia capitalista, capitalismo de Estado e economia socialista. Isto expressava uma estrutura econômica complexa, mas ao mesmo tempo, uma formação econômico-social de transição para o socialismo; porque a classe operária detinha o poder estatal e o controlo dos principais setores da economia. Nestas condições, incluindo um certo desenvolvimento do capitalismo - na forma de concessões limitadas e controladas ao capital estrangeiro ou na forma de certo progresso do capitalismo interior - não poderia modificar a orientação predominantemente socialista, em virtude precisamente do controlo operário do Estado e das "alturas dominantes da economia".

Nas formações económico-sociais de transição para o socialismo, o período de transição seria constituído por dois momentos: a) o estádio inicial ou período de instabilidade inicial; e b) o que Marx enunciou como o período de "consolidação social do modo de produção". O estádio inicial ou primeiro estádio do período de transição, caracteriza-se pelo desmantelamento e a ruptura final com a totalidade dominante anterior, a dominação do modo de produção capitalista, e, portanto, o futuro da nova formação económico-social não está assegurado ou é ainda incerto. Por outro lado, a consolidação da nova formação econômico-social ou fase de transição para o socialismo propriamente dita, seria caracterizada pela ausência de adequação relativamente extensa das novas relações sociais e das forças produtivas, o que coloca certo tipo de contradições entre a forma de propriedade e o modo real de apropriação; por outras palavras, não se verificaram ainda as condições para a reprodução ampliada das novas relações sociais. Sintetizando, o período de transição seria composto por três processos com as suas temporalidades respectivas: a) o estádio inicial; b) a fase de transição em sentido estrito ou fase de inadequação entre as novas relações sociais e as forças produtivas; e c) a fase da reprodução ampliada da nova formação econômico-social socialista. Cada uma destas fases se caracteriza por uma articulação específica dos níveis da formação económico-social e das suas contradições, e, portanto, de um certo tipo de desenvolvimento desigual destas contradições.

Lênin retomava literalmente Marx para descrever a fase que se seguiria à consolidação da ditadura do proletariado, a fase propriamente socialista. Nela, os meios de produção deixam de ser propriedade privada de uns quantos e passam a pertencer a toda a sociedade; do trabalho realizado por todos os membros da sociedade aptos a trabalhar, desconta-se um fundo de reserva, outro fundo para repor os meios de produção gastos e para ampliar a escala da produção, e um fundo social para os gastos de administração, escolas, hospitalar, asilos, etc.; uma vez deduzidos estes fundos, cada operário recebe em serviços o que entrega à sociedade, além de um certificado que confirma ter o operário realizado tal ou qual quantidade de trabalho pelo qual recebe dos armazéns sociais os artigos de consumo correspondentes.

> Não somos utópicos, não "sonhamos" com a possibilidade de prescindir de toda forma de governo e de toda subordinação de um só golpe; estes sonhos anarquistas, baseados na incompreensão das tarefas da ditadura do proletariado, são fundamentalmente estranhos ao marxismo e, de fato, só servem para adiar a revolução socialista, à espera de que os homens sejam diferentes. Não, nós queremos fazer a revolução com homens concretos como os de hoje, com homens que não podem se submeter a regras sem subordinação, sem controle, sem "inspetores e contadores".

Lênin criticou os reformistas e os centristas por fazerem o jogo dos governos dos países em que atuavam, sobretudo durante a Primeira Guerra Mundial. A estes reformistas e centristas chamou-os oportunistas e social patriotas (ou social chauvinistas), por haverem passado para o lado da burguesia contra o proletariado durante a guerra que, obviamente, não era a guerra dos trabalhadores e sim a guerra por uma nova repartição do mundo por parte das burguesias de então. Em relação ao anarquismo e ao "semi-anarquismo" Lenin utilizou outra categoria: *o revolucionarismo pequeno-burguês*. Ele é próprio dos pequeno-burgueses, também vítimas do capitalismo na sua tendência para a concentração, os quais irritados, "enfurecidos", caem "com facilidade no ultra-revolucionarismo, mas [são incapazes] de manifestar serenidade, espírito de organização, disciplina e firmeza". Para Lênin, "o pequeno burguês 'enfurecido' pelos horrores do capitalismo é, como o anarquismo, um fenômeno social próprio de todos os países capitalistas. São do domínio público a inconstância destas veleidades revolucionárias, a sua esterilidade e a facilidade com que se transformam rapidamente em submissão, em apatia, em fantasias, inclusive num entusiasmo "furioso" por esta ou aquela corrente burguesa "na moda". Contra esse *esquerdismo*, ou seja, de "doença infantil do comunismo", Lênin cita dois momentos em que o bolchevismo lutou contra os desvios "esquerdistas" no seu próprio partido: contra os *otzovistas* em 1908 e os comunistas "de esquerda" que se manifestaram contra a paz de Brest-Litovsk. O segundo momento foi entre o primeiro e o segundo congressos da III Internacional.

Nas décadas de 1950 e 1960 ocorreram novas experiências socialistas no Leste Europeu, na China, Coreia, Cuba, em condições históricas e sociais completamente distintas das da URSS. Surgem tentativas de transição ao socialismo no Oriente Médio e na África, como no caso da Argélia, Angola, Moçambique, Camboja, Tanzânia e Etiópia. O processo de expansão mundial do socialismo criou diversas formas e experiências de transição. Seja em virtude das classes sociais formadas historicamente ou porque o capitalismo se desenvolveu de forma desigual em cada um desses povos, o socialismo realmente existente sempre ocorre com características nacionais. Afinal, a força social dos trabalhadores, camponeses e outras camadas populares em diferentes países têm disposições e problemas diferentes e próprios.

Retomando criativamente as teses de Lênin do início da "crise geral do capitalismo" com a guerra mundial imperialista e a Revolução Russa, vinte anos mais tarde, Mao Tsé-tung formula a teoria da *Revolução da Nova Democracia* que seria a primeira fase da revolução proletária — revolução democrático-burguesa conduzida pelo proletariado —, a que se seguiria outra fase propriamente socialista nos países coloniais e semicoloniais, e que seria acompanhada por revoluções socialistas nos países capitalistas desenvolvidos, num processo de "desmembramento" progressivo do sistema capitalista mundial. Para Mao, as características da primeira etapa da transição socialista, a etapa onde se estabelece a "sociedade de nova democracia", seriam:

1. Uma sociedade com traços diferentes das repúblicas capitalistas europeias e estadunidense que se apoiam na ditadura da burguesia, mas também diferente da república socialista de estilo soviético de ditadura do proletariado.
2. Uma sociedade sob a ditadura conjunta de todas as classes revolucionárias do país dirigidas pelo proletariado, em que o proletariado, o campesinato, os intelectuais e a pequena burguesia constituem uma força política independente sob a direção do Partido Comunista.
3. Uma forma de Estado de transição que deve ser adoptada em países coloniais e semicoloniais.
4. Apresenta traços característicos do centralismo democrático, com um sistema de assembleias populares a nível nacional, provincial, distrital e cantonal, baseado no sufrágio universal para eleger os respectivos governos, expressar a vontade do povo e facilitar a direção da luta revolucionária.
5. Como sistema económico, os grandes bancos, as grandes empresas industriais e comerciais, e as grandes extensões

dos latifundiários devem ser propriedade do Estado, tendo como objetivo que o capital privado não possa dominar a vida material do povo.

6. O setor estatal da economia será de carácter socialista e constituirá a força dirigente em toda a economia nacional.
7. O Estado não confiscará o resto da propriedade privada capitalista nem proibirá o desenvolvimento daquela produção capitalista que não possa dominar a vida material do povo, já que o atraso da China necessita desta produção.

No início da década de 1960, Mao disse que estava concluída a etapa de *Nova Democracia* e dar início à etapa propriamente socialista. A China entrou num período de estagnação e só depois da morte de Mao adoptou as reformas que a estão levando a converter-se numa potência econômica mundial. A República Popular da China foi muito mais além das ideias e previsões de Mao. Neste sentido, o contributo fundamental foi dado por Deng Xiaoping. Desde finais dos anos setenta e até à sua morte, Deng foi o grande estratega da modernização do "socialismo ao estilo chinês". Os seus principais pressupostos são os seguintes:

1. A modernização representa uma nova grande revolução. O objetivo desta revolução é libertar e ampliar as forças produtivas. Sem ampliar as forças produtivas, tornando o país mais próspero e desenvolvido, melhorando os níveis de vida do povo, a revolução é apenas conversa fiada. Não se deseja ser pobre sob o socialismo. A superioridade do socialismo ao capitalismo deve ser demonstrada pelo fato de que o socialismo proporciona condições mais favoráveis ao desenvolvimento das forças produtivas do que o capitalismo.
2. Existem quatro condições favoráveis para atingir a meta da modernização: primeiro, o entusiasmo, a iniciativa, a inteligência e a sabedoria do povo chinês; segundo,

recursos naturais abundantes; terceiro, 30 anos de experiência com os fundamentos materiais preliminares para o desenvolvimento da indústria, da agricultura, da ciência e da tecnologia; e quarto, prosseguir a política correta de abertura ao mundo exterior.

3. Não existe contradição fundamental entre o socialismo e uma economia de mercado. Mercado e planificação são meios para desenvolver as forças produtivas, sempre e quando respondam a esse propósito. Se servem ao socialismo são socialistas; se servem ao capitalismo são capitalistas. O problema consiste no modo de desenvolver as forças produtivas com mais eficácia. Uma economia planificada, com o passar dos anos, passa a ser um obstáculo ao desenvolvimento das forças produtivas. Combinar uma economia planificada com uma economia de mercado, com o setor público da economia sempre predominante, torna possível desenvolver a economia para a prosperidade comum, tentando evitar sempre a polarização.
4. É preciso seguir os *quatro princípios cardinais*: manter o rumo socialista, manter a ditadura democrática do povo, manter a direção do Partido Comunista e manter o marxismo-leninismo e o pensamento de Mao Tsé-tung (Marcelino, 2025).

Eurocomunismo

Na década de 1970, os principais partidos comunistas ocidentais, tais como o francês, o espanhol e o italiano, retiraram de seus programas a bandeira de ditadura do proletariado, generalizou-se uma discussão sobre o fenômeno conhecido como "eurocomunismo", que implica no abandono da concepção marxista-leninista do Estado. Muitos dizem que o termo é inadequado. Que a participação em parlamentos era dificultada por esta defesa. Que o termo ditadura lembrava as ditaduras militares fascistas. Que se tratava de uma palavra fetiche que a história converteu numa fonte de confusão.

O abandono pela maioria dos partidos eurocomunistas da noção de ditadura do proletariado não fortaleceu estes partidos. Além disso, negaram esse conceito construído por Marx para exprimir o conteúdo de classe de todo o Estado e de toda a democracia, essa rede de segurança teórica essencial, sem a qual todo o partido acaba a prazo por ser dissolvido na democracia burguesa.

Como observa Bob Jessop, há duas tendências no eurocomunismo, uma de direita e outra de esquerda. A tendência mais à direita tende a ver a transição democrática ao socialismo como gradual a progressiva, baseada numa aliança de classes antimonopolista sob a liderança do Partido Comunista, sem transformação dos aparatos de Estado, haja vista que os concebem enquanto instituições neutras, no fortalecimento do parlamento no controle sobre o Estado e a economia, e na incorporação dos sindicatos na formulação do planejamento econômico. Em suma, vê o socialismo democrático como uma longa e vagarosa marcha por meio das instituições da sociedade política e civil. Já a posição de esquerda do eurocomunismo tende a ver a transição como uma longa série de rupturas, com base nacional-popular, numa ampla aliança que envolva tanto os novos movimentos sociais como uma união de classes organizada de modo plural. Além disso, compromete-se profundamente com as transformações dos aparatos estatais como parte do processo democrático e a reestruturação do Estado e da economia a partir de uma democracia de base, da autogestão e da unificação de um fórum parlamentar (Jessop, 1985, p. 297-298).

Com a adesão do Partido Comunista Francês (PCF) à estratégia eurocomunista, Louis Althusser juntamente com Étienne Balibar se insurgiram contra a posição adotada a partir de seu XXII Congresso, de cujo programa foi excluído o conceito de ditadura do proletariado, e no qual a democracia como um valor universal tornou-se a palavra de ordem central. Althusser, ao criticar essa posição reformista do PCF, defendeu, de um lado, o valor científico no marxismo do conceito de ditadura do proletariado, e, do outro, a experiência chinesa da Revolução Cultural como modelo de transição socialista ao comunismo devido à intensa crítica à burocratização do partido revolucionário.

A posição do PCF em relação ao abandono do conceito de ditadura do proletariado deve-se, para Althusser, por um lado, à renúncia da análise concreta das relações de classe, e, por outro, à influência da ideologia burguesa sobre o partido, sobre sua concepção da teoria e sobre sua própria prática política. A despeito de Althusser concordar que inexista uma teoria do Estado marxista (pelo menos de modo sistemático), essa teoria está curso porque há como base tanto as observações e análises dos clássicos (Marx, Engels, Lênin e Mao) como também as experiências socialistas em diferentes formações sociais.

Essa oposição de Althusser ao PCF e a sua defesa do conceito de ditadura do proletariado encontram-se no contexto da sua obra que se classifica como "textos sobre a crise do marxismo", nos quais se incluem: *22º Congresso; O que não pode haver no partido comunista*; "O marxismo como teoria finita"; "Enfim, a crise do marxismo"; "O marxismo hoje"; e o inédito "Marx dentro dos seus limites"; todos textos escritos entre os anos 1977 e 1978. Já Balibar expõe a sua posição no livro *Sobre a ditadura do proletariado*, de 1976.

Althusser observa que o abandono da ditadura do proletariado é por si mesmo um ato simbólico ao apresentar de modo espetacular a ruptura com o passado, abrindo a frente de um "socialismo democrático", distinto do modelo soviético e do Leste Europeu. Althusser aponta que a dominação burguesa na França não se restringe ao aspecto político e parlamentar, mas vai além ao incluir tanto a dominação econômica como também a ideológica. A ditadura do proletariado e de seus aliados é a resposta marxista a esse sistema de dominação.

Para Althusser, a ditadura do proletariado não é um conceito isolado que possa ser "abandonado" ao seu destino solitário, pois está relacionado ao conjunto de conceitos forjados por Marx a partir de 1845. Balibar ratifica que o socialismo não é algo distinto da ditadura do proletariado, mas sim a própria ditadura do proletariado. Também demarca a diferença entre a teoria marxista do Estado e a ideologia jurídica burguesa quando afirma que toda democracia é uma ditadura de classe, seja de uma minoria (da burguesia), seja de uma maioria (do proletariado). Estado de direito é uma noção falsa, já que não há Estado sem lei, sem direito organizado, incluindo o da ditadura do proletariado. Isso significa, então, que todo Estado impõe o seu poder à sociedade por intermédio de um direito, e que, por essa mesma razão, o direito jamais pode ser o alicerce desse poder. Esse alicerce real só pode ser uma relação de forças históricas, alargadas ao conjunto das esferas de ação e de intervenção do Estado, isto é, ao conjunto das esferas de ação e de intervenção do Estado, ou seja ainda, do conjunto da vida social, uma vez que não há nenhuma esfera da vida social (principalmente o mundo "privado") imune à intervenção do Estado; isso porque a esfera de ação do Estado é por definição universal.

A teoria marxista do Estado de fato está situada na corrente realista do pensamento político, pois define o conflito de classes como motor da história, e o Estado tem um papel central na manutenção da ordem pelo meio da coação física. Mas, como escreveu Balibar: "Não se trata de dizer que o Estado só age pela violência, mas de dizer que o Estado assenta numa relação de forças entre as classes, e não no interesse público e na vontade geral. Esta relação é inteiramente 'violenta' no sentido de que não é efetivamente limitada por nenhuma lei e uma legislação, uma legalidade, que, longe de por em causa essa relação violenta, não fazem mais do que sancioná-la" (Balibar, 1977, p. 52).

Não seria a negação e o abandono do princípio da ditadura do proletariado a origem da crise secular da esquerda no ocidente? Sem esse referencial básico, se passa a defender postulados liberais, apesar de certas roupagens "radicais". O abandono do objetivo da "ditadura do proletariado" foi justificado porque que as "previsões" e o "programa" revolucionário do marxismo não seriam jamais realizados tal qual, pela simples razão de que as "condições" sobre as quais eles se fundavam - uma certa configuração da luta de classes, do capitalismo- não existiam mais, o capitalismo tendo ido "além" destas condições e, assim, do próprio marxismo. Enquanto isso, nenhuma análise séria das modalidades dessa superação não pode desconhecer o fato de que ele é em si mesmo, uma parte fundamental e um resultado oblíquo da efetividade do marxismo.

Fukuyamismo de esquerda

Em 1989, Francis Fukuyama publicou artigo intitulado "O Fim da História?" sobre o declínio do comunismo e o triunfo do Ocidente. O esgotamento da experiência soviética seria o esgotamento do próprio socialismo como alternativa ao capitalismo. O capitalismo liberal passaria a ser inexorável. Sem a estrela-guia soviética, as experiências socialistas estariam fadadas ao fracasso. Os desdobramentos imediatos da crise soviética pareciam atestar esta tese. Tudo apontava para que o efeito em cadeia fosse completo. Entre 1989 e 1992 deixou de existir a grande maioria dos estados que se denominaram socialistas do mundo. A República Popular Polonesa voltou ao multipartidarismo e ao capitalismo de mercado em 1990. A República Democrática Alemã foi absorvida pela República Federal Alemã. Os conflitos nacionalistas acabaram com a República Socialista Federal da Iugoslávia. Com a queda das repúblicas sociais da URSS, outros países socialistas também mudaram de regime. Em 1990, abandonam o marxismo-leninismo Argélia (república socialista apoiada pelos soviéticos desde 1962), Benin (que era Estado Socialista desde 1975), Moçambique (que desde 1975 havia adotado o governo socialista). Em 1991, o mesmo acontece no Congo (que teve um estado socialista desde 1970 sob o governo do Partido Trabalhista congolês), Guiné-Bissau (que seguia o modelo soviético desde 1974), Etiópia, Somália e Mali. Em 1992, Mongólia abandona a República Popular, criada em 1924. Com a derrocada da "nave-mãe", era apenas uma questão de tempo para que os governos socialistas "satélites" seguissem o mesmo caminho. E para os socialistas no resto do mundo, o recado estava dado: era melhor nem tentar mais porque seu fracasso seria inevitável. Busquem outro caminho dentro do capitalismo liberal, porque o socialismo real acabou.

Em 1989, talvez Fukuyama estivesse certo ao apontar o colapso inevitável de experiências socialistas lideradas pela URSS, mas não percebeu que as promessas do capitalismo liberal não iriam conseguir se manter em pé. Trinta anos depois, em entrevista de 2019, o próprio Fukuyama reconhece que "os Estados Unidos, a Grã-Bretanha e outros países ocidentais passaram por esse período do que às vezes é chamado de neoliberalismo, em que os indivíduos são elevados, realmente colocados acima do estado, e o estado é considerado uma fonte de ineficiência e tirania potencial contra indivíduos. E acho que isso foi simplesmente levado longe demais, então acho que uma das coisas que vai acontecer é que na maioria dos países ocidentais, o neoliberalismo, nesse sentido, morreu e as pessoas vão voltar a um tipo diferente de liberalismo em que acreditavam nas décadas de 1930 e 1940. Queremos proteger os direitos individuais, mas o estado tem um papel importante na proteção das pessoas e na criação de proteções sociais na criação de sistemas de saúde e pensões e outras coisas desse tipo". E, pelo menos desde 2016, Fukuyama vem apontando que a China é provavelmente a única alternativa realmente plausível ao estilo de democracia liberal ocidental. A China, conforme Fukuyama, concluiu um período prolongado de crescimento econômico sem precedentes, baseado principalmente na ampla mobilização de mão-de-obra e manufatura para exportação, incorporação de tecnologias e novas formas administrativas, e está mudando para um período mais fortemente baseado em serviços, demanda interna e aumento da produtividade. Em outra entrevista de 2019, Fukuyama apontou que, se Pequim conseguir controlar as tensões sociais e manter a estabilidade econômica, a China pode se apresentar como um sistema superior ao capitalismo ocidental, economicamente recessivo e politicamente imerso numa severa crise democrática com o aumento do populismo de direita, exemplificado pela eleição de Donald Trump como presidente dos Estados Unidos, Brexit no Reino Unido, partidos populistas na Europa, Bolsonaro no Brasil.

O que passou despercebido na visão do "fim da história" em 1989 – que inclusive conquistou diversos setores da esquerda ocidental – é que outras formas de socialismo daquele praticado na União Soviética, apesar de ainda prematuras, já estavam em marcha na China, Vietnã e Laos. Um novo modo de produção (econômico, político, cultural e social) já estava em gestação. Quando acabou a URSS em 1991, o Partido Comunista da China já estava implementando, por mais de uma década, profundas reformas econômicas e institucionais, num ambiente de abertura e reforma. Esse caminho das reformas da China influenciou o Vietnã e o Laos, que passaram a adotar políticas semelhantes a partir de 1986. Ainda durante a década de 1980, a China passou a ser reconhecida por estar se integrando ao capitalismo, com maior inserção nas cadeias produtivas internacionais, zonas industriais para exportação que passaram a beneficiar a acumulação de capital estrangeiro excedente, obtendo altas e consistentes taxas de crescimento. Assim, quando a onda pelo fim do socialismo também apareceu na China, especialmente nos incidentes da Praça Tianamenn em 1989, a ação do partido para manter o sistema socialista teve legitimidade pelos resultados que estavam sendo alcançados pelo processo de reformas de mercado. Após um período de turbulência e maior instabilidade, entre 1988 e 1992, a China manteve firmemente seu processo de desenvolvimento ancorado no socialismo de mercado, fazendo gradualmente reformas visando a melhor organização das forças produtivas, especialmente as estatais, o sistema financeiro e de defesa nacional. Manteve seu crescimento em nível quantitativo e acelerado, vislumbrando as metas definidas para o fim do século. Enquanto isso, Fukuyama e muitos outros torciam para que as reformas dessem errado (colapso iminente) ou que levassem a reconversão total ao capitalismo. Dos outros dois países remanescentes do socialismo real, a Coreia do Norte se manteve na linha soviética diante do persistente impasse militar com a Coreia do Sul e o Japão.

E Cuba iniciou reformas, mas o estrangulamento e o bloqueio liderado pelos EUA se tornou ainda mais acirrado, dificultando ao máximo qualquer processo de abertura. Mesmo assim, com a manutenção do socialismo de mercado na China, Vietnã e Laos, após o fim da URSS, o esperado "fim da história", na realidade, não aconteceu.

A tese exposta por Francis Fukuyama de que havíamos chegado ao "fim da história" por não existir um sistema superior ao capitalismo liberal ganhou corações e mentes por todo canto. Amplos setores da esquerda no ocidente passaram a defender as linhas de Fukuyama, mesmo sem saber, aceitando silenciosamente que a atual ordem liberal-democrática é a melhor possível e que, ainda que seja necessário lutar para torná-la mais justa, não devemos questionar suas premissas fundamentais. Poucas organizações continuam defendendo a ditadura do proletariado. Passam a falar em governo popular, democracia socialista, socialismo democrático, liberalismo progressista, etc.

Nancy Fraser concebe um "neoliberalismo reacionário" e um "neoliberalismo progressista". Embora essas duas vertentes diferenciem-se no plano das identidades e dos costumes, elas têm uma agenda econômica comum. A imposição do consenso representa antes de tudo uma vitória discursiva do neoliberalismo, que valoriza termos como "mercado" e, pelo menos até a crise de 2008, consegue banir da agenda corrente termos como "socialismo" e "planejamento". Fraser concebeu uma reformulação nos termos da disputa política hoje, com a emergência, na esquerda, de um neoliberalismo reembalado em pautas não-econômicas que se pretendem progressistas para se opor ao reacionarismo neoliberal. A pauta política desta esquerda, portanto, deixa de ser o desejo de abolição das hierarquias socioeconômicas para ser uma defesa da diversificação das mesmas (Fraser, 2017) — em síntese, não-brancos, não-homens e não-heterossexuais ocupando espaços de dominação ao invés da dissolução destes mesmos espaços. Em tal contexto, muitas lideranças da esquerda passam a assumir pautas limitadas e resignadas à ordem dominante, aceitando como axioma a impossibilidade de mudança da ordem neoliberal e capitalista — portanto, assumindo como horizonte político algo como um mínimo de contenção de danos sociais. No período neoliberal, certa esquerda estaria assumindo uma posição de ainda maior resignação — chamada, por Dardot e Laval (2016) de "neoliberalismo de esquerda". As posições de "terceira via", "nova esquerda" e "neoliberalismo progressista", por exemplo, se limitaram a defender pautas de defesa da "nova gestão pública" (o modelo empresarial de ação pública) e políticas identitárias, abrindo mão de disputar campos fundamentais como o da economia — com visões que inclusive renegam o fato de que as questões culturais e as políticas de reconhecimento não podem ser descoladas da dimensão econômica (FRASER, 2018). Fraser apela à uma "esquerda genuína" que separe emancipação da financeirização e se reconecte com os de baixo, uma esquerda que não aceite apenas escolher entre populismo reacionário e o neoliberalismo progressista.

Pablo Stefanoni aponta que as forças progressistas se encontram no meio de uma crise de identidade (e de voto) sem precedentes, mesmo quando chegam ao governo. Ele vê a existência de "governos sem hegemonia", que levam a uma certa infantilização das leituras do conflito político e social. Para Stefanoni, se trata de um contexto onde o progressismo parece ter perdido o poder emancipatório ou de transformar a realidade. Não que o progressismo não ganhe mais eleições, nem tenha mais poder, mas perdeu essa dimensão mais transgressora e revolucionária. As esquerdas parecem hoje ser mais eficazes para vencer do que governar, e enfrentam diversos obstáculos, internos e externos, que reduzem sua eficácia político-ideológica. Os governos progressistas enfrentam, então, um cenário em que as guerras culturais do Norte penetram de diversas formas a opinião pública e contribuem para delinear uma linguagem inconformista transversal a diferentes setores sociais. Dessa forma, as rebeldias de direita parecem ter chegado para ficar. Elas que estão capturando melhor as iras, insatisfações, medos do futuro. Ele propõe que, diante disso, as esquerdas precisam de votos, precisam de maiorias para governar (Stefanoni, 2021).

Socialismo Neo-Utópico

Desde o final do século XX e início deste século, assistimos ao ressurgimento do socialismo utópico. As tendências neoutópicas dizem que seria possível "mudar o mundo sem tomar o poder". Consideram, sobretudo, que a luta pela transformação social prescinde da luta pelo poder do Estado, bem como da luta pela sua destruição. Expulsam do seu campo de reflexões a análise teórica tanto da dominação política e da coerção exercida pelo Estado na sociedade capitalista como do papel do Estado na transformação social.

O pensamento de John Holloway, influenciado pelos acontecimentos que abalaram a esquerda mundial – a queda do bloco soviético, a crise do Estado de bem-estar social, as mudanças econômicas em direção ao mercado efetuadas pela China – estabelece como alvo de crítica o marxismo comunista do século XX. Holloway defende o abandono do modelo de revolução ou transformação do mundo associada à conquista do poder político. Seria impossível não se corromper com a lógica do Estado. O que está em jogo na mudança revolucionária não é mais "tomar o poder", mas a própria existência do poder. A transição de uma política da organização para uma antipolítica do evento pode encontrar seu caminho, diz ele, por meio das experiências de Maio de 68, da rebelião zapatista ou da onda de manifestações contra a globalização capitalista.

Ele rejeita a ideia de que a luta revolucionária pelo poder é o pré-requisito para a transição ao socialismo. Em um texto escrito na década de 70, Holloway segue a referência a experiência histórica do "eurocomunismo" – que teria trabalhado "através das formas burguesas [leia-se Estado] para ganhar posições de poder e de influência" – e do "Estado de bem estar social" – sinônimo de expansão burocrática e consequente aumento da sua presença na vida cotidiana das pessoas. Partindo da crítica ao conceito de "autonomia relativa do Estado", afirma que

"...o Estado não é uma simples instituição nem um fenômeno que diz respeito a todas as sociedades, mas uma forma historicamente determinada e transitória de relação social", de sorte que a forma Estado seria mais uma das formas de expressão das relações de produção capitalista que não se expressam enquanto forma de dominação classista, mas enquanto formas fragmentadas aparentemente atemporais, a-históricas: forma mercadoria, forma dinheiro, forma capital, forma renda, etc. Se o Estado, enquanto forma estatal, é mais uma das formas fetichizadas constitutivas da sociedade capitalista, seria um equívoco concebê-lo enquanto uma superestrutura, um aparato ideológico que integra as massas, um aparato repressivo ou analisá-lo nos termos de suas funções, pois o importante "... não é unicamente a função que desempenha, mas a forma histórica em que desempenha".

No limite do que concebe enquanto forma-Estado, Holloway parte da constatação de que "A aparente impossibilidade da revolução no começo do século XXI reflete, na realidade, o fracasso histórico de um conceito particular de revolução, o conceito que identificava revolução com controle de Estado". Com o intuito "de tornar mais aguda a crítica marxista do capitalismo", aponta que o grande problema das experiências históricas de superação do capitalismo e dos teóricos que defendem estas experiências seria o de entenderem "o Estado como motor da mudança radical". Mas o Estado seria "... apenas um nó de uma rede de relações de poder" e mudar a sociedade através do Estado pressuporia, segundo Holloway, a soberania estatal, de sorte que: 1. A luta pela transformação social se converteria em luta pela defesa do Estado; 2. A luta contra o capital se converteria em luta anti-imperialista contra a dominação dos estrangeiros; 3. O que resultaria na mistura do nacionalismo com o anticapitalismo. Por conseguinte, enfatizar-se-ia a construção do Partido (e a do exército) como algo positivo para a "construção das instituições, a construção do poder". Assim ele identifica o poder e o governo, em si, como "um fetiche horrendo que contamina todo aquele que ousa tomá-lo em suas mãos".

Logo, superar o capitalismo, transformar a sociedade implicaria na criação de um "espaço de anti-poder". Na mesma linha de Bukárin, Holloway diz que "nos rebelamos contra o capitalismo, não é porque queremos uma sociedade de poder diferente, é porque queremos uma sociedade em que sejam dissolvidas as relações de poder. Uma vez que se adota a lógica do poder, a luta de classes contra ele já está perdida" (2002, p. 32).

A teoria de Holloway, sendo contra o estabelecimento da ditadura do proletariado, também é contra a constituição de um exército revolucionário. Não se explicar como se garantirá a desapropriação dos apropriadores e a defesa da revolução socialista de uma contra-revolução. Se as concepções de Holloway fossem, hipoteticamente, encampadas por aqueles sujeitos revolucionários, como teria sido possível resistir à guerra imperialista e a todas as tentativas de destruição das experiências históricas de ataque frontal da supremacia capitalista?

Marxismo Ocidental x Marxismo Oriental

Com a Revolução Russa de 1917 abriu-se uma época de transição que parecia ter terminado com o derrube do "socialismo real" na Europa oriental e na URSS. Pelo menos assim o pretenderam os agoireiros do "triunfo definitivo do capitalismo sobre o socialismo e o comunismo". Nos anos recentes, quando a modalidade neoliberal do capitalismo se esgotou e o imperialismo estadunidense desencadeou uma estratégia expansionista que colocou o sistema perante a possibilidade de uma nova crise económica de proporções semelhantes ou ainda maiores que a grande crise de 1929 - 1933, os processos de transição estão recobrando um novo impulso. Por isso é necessário examinar os elementos teóricos e práticos da transição do capitalismo ao socialismo, legados pelo pensamento marxista e pelas experiências socialistas.

Para Domenico Losurdo, por muito tempo o "marxismo ocidental" celebrou a sua superioridade em relação ao marxismo dos países que se remetiam ao socialismo e que estavam todos situados no Oriente. Em decorrência dessa atitude arrogante, o marxismo ocidental nunca se empenhou seriamente em repensar a teoria de Marx à luz de um balanço histórico concreto: qual era o papel do Estado e da nação nesses países e no "campo socialista"? Como promover a democracia e os direitos humanos e como estimular o desenvolvimento das forças produtivas e o bem-estar das massas numa situação caracterizada pelo bloqueio capitalista? Ao invés de pôr-se essas questões difíceis, o marxismo ocidental preferiu abandonar-se à cômoda atitude auto consolatória de quem cultiva em particular as suas utopias e rejeita, como uma contaminação, o contato com a realidade e a reflexão sobre a realidade. Disso derivou uma progressiva capitulação à ideologia dominante. Por fim, a autocelebração do marxismo ocidental desembocou na sua autodissolução.

Por que o marxismo ocidental, após desfrutar de um sucesso extraordinário até as décadas de 1960 e 1970, mergulhou numa crise tão profunda? Losurdo lembra que, sem dúvida, os fatos históricos que todos conhecemos e que culminaram com a queda da União Soviética e do "bloco socialista" desempenharam neste caso um papel fundamental. No entanto, embora inevitável, esse tipo de explicação não é exaustivo: é necessário aprofundar a análise, concentrando a atenção nas fraquezas intrínsecas que o marxismo ocidental revela no Ocidente, mesmo na época em que sua hegemonia parece incontestável.

Desde o início, marxismo ocidental e marxismo oriental tendem a seguir dois caminhos diferentes. Losurdo aponta que, a partir do momento em que se esboçam as primeiras dificuldades e tragédias do regime nascido da Revolução de Outubro, mas sobretudo a partir do momento em que se evidencia a crise do "socialismo real", a divergência entre marxistas orientais e marxistas ocidentais assistiu à contraposição entre marxistas que, de um lado, exercem o poder e marxistas que, de outro, estão na oposição e se concentram cada vez mais na "teoria crítica", na "desconstrução", aliás, na denúncia do poder e das relações de poder como tais. Está aqui precisamente o ato de nascimento do "marxismo ocidental", o qual, distanciando-se progressivamente do poder, julga identificar a condição privilegiada para redescobrir o marxismo "autêntico", não mais reduzido à ideologia de Estado.

> O marxismo ocidental concentrou-se quase exclusivamente nas "formas respeitáveis" do domínio burguês e capitalista. Após perder de vista a sorte que, em primeiro lugar, estava reservada aos povos coloniais e de origem colonial, a crítica do "socialismo real", embora absolutamente necessária, desembocou numa banal apologética liberal e numa liquidação indiferenciada da história do comunismo do século XX [...]. Por fim, o marxismo ocidental desfrutou de sua distância do poder como uma condição privilegiada ou exclusiva para o desenvolvimento das potencialidades críticas da teoria de Marx. Mas se por um lado a distância do poder e o desdém diante do poder podem ofuscar a lucidez do olhar, por outro podem turvar a visão, tornando mais difícil a compreensão dos conflitos mundiais, favorecendo uma atitude idealista e, em última análise, a fuga da história [...]. No conjunto, com o passar dos anos, o marxismo ocidental acabou involuntariamente representando duas figuras fundamentais da filosofia hegeliana: na medida em que se satisfaz com a crítica e, aliás, encontra sua razão de ser na crítica, sem pôr-se o problema de formular alternativas possíveis e de construir um bloco histórico alternativo àquele dominante, ele é a ilustração da sabichonice do dever ser; quando, pois, desfruta da distância do poder como uma condição da própria pureza, ele encarna a bela alma. Talvez não seja por acaso que hoje tenha tanto sucesso no ambiente de esquerda um livro, que desde o título convida a *mudar o mundo sem tomar o poder*. A autodissolução do marxismo ocidental se configura aqui como o abandono do terreno da política (Losurdo, 2018).

De volta à Ditadura do Proletariado

A esquerda socialista no ocidente se tornou uma força política débil e fraca para promover as mudanças que ela desejaria. Se ganham governos, mas não se governa. Não há política, pois seus governos carregam uma agenda alheia. Sem questionar os princípios da democracia liberal e do neoliberalismo, a esquerda ficará cada vez mais fraca e isolada socialmente. A única solução é a formação de uma nova forma de Estado, mais centralizador e com autoridade reforçada para lidar com os grandes problemas nacionais.

Retomando a crítica feita ao liberalismo, Slavoj Žižek afirma que a democracia eleitoral não vai além de uma ditadura da burguesia. Para Zizek, a aceitação do atual consenso liberal-parlamentarista impede qualquer questionamento sério da forma como essa ordem democrática é cúmplice nos fenômenos que ela oficialmente condena e qualquer tentativa série de imaginar uma ordem sociopolítica diferente. A hegemonia democrático-liberal da atualidade é sustentada pela proibição em desafiar a ordem existente. No momento em que questionamos o consenso liberal existente, somos acusados de abandonar a objetividade científica em troca de posições ideológicas ultrapassadas. Consequentemente, a democracia liberal impede que antagonismos, tais quais a prevalência de desigualdades que esgarçam o tecido social, seja solucionada. Nos tempos de dominação burguesa, a democracia e as eleições são mecanismos que confirmam a hegemonia desta classe e retêm a ordem burguesa. Žižek conclama a esquerda a voltar a pensar sobre como constituir um poder, capaz de estabelecer uma nova ordem de transformação.

No livro "Em Defesa das Causas Perdidas", diz que a esquerda ocidental se adaptou em linhas gerais de 8 formas distintas e as vezes combinadas ao "capitalismo global" e a hegemonia da "democracia liberal": 1. Aceitação total do arcabouço: continuar lutando pela emancipação dentro de suas regras (social-democracia da terceira via); 2. Aceitação desse arcabouço como algo que veio para ficar, mas ao qual ainda se deve resistir, escapando ao seu alcance e trabalhando e "interstícios"; 3. Aceitação da inutilidade de todas as lutas, já que hoje esse arcabouço tem abrangência total e coincida com seu oposto; 4. Aceitação da inutilidade temporária da luta ("hoje, no triunfo do capitalismo global, a verdadeira resistência não é possível, pelo menos não na metrópole do capitalismo, de modo que tudo o que podemos fazer até a renovação do espirito revolucionário da classe operária global é defender o que ainda resta do estado de bem-estar social, bombardeando os que estão no poder com exigências que sabemos que não podem atender, e, fora isso, nos refugiando nos estudos culturais, onde é possível realizar em silêncio o trabalho crítico"); 5, ênfase no fato de que o problema é mais fundamental, de que o capitalismo global é, o efeito ôntico do princípio ontológico subjacente da tecnologia ou "razão instrumental"; 6, crença de que se pode minar o capitalismo global e o poder estatal, mas não pelo ataque direto, e sim pela reconcentração do campo de luta nas práticas cotidianas, nas quais é possível "construir um mundo novo"; dessa maneira, as bases do poder do capital e do Estado serão minadas aos poucos; 7. Mudança pós-moderna da ênfase na luta anticapitalista, que agora é dada as múltiplas formas de luta político-ideológica pela hegemonia; 8. Proposta de que é possível repetir no nível pós-moderno o gesto marxista clássico e encenar a "negação determinada" do capitalismo: com o surgimento hoje do "trabalho cognitivo", a contradição entre produção social e relações capitalistas alcançou níveis nunca vistos, tornando possível, pela primeira vez, a "democracia absoluta" (Žižek, 2021, pp 337 e 338).

Žižek resgata várias dos conceitos do marxismo: classe operária, violência revolucionária, a importância da economia-política, a centralidade da análise da exploração, e mesmo a noção de partido e da ditadura do proletariado. Žižek busca se contrapor as distintas variantes adaptadas à democracia burguesa e ao espírito de época resgatando elementos chaves ("causas perdidas") dos projetos revolucionários clássicos: a necessidade de um tipo de violência transformadora, um projeto de poder, a disciplina, e mesmo "um corpo forte, competente para tomar decisões rápidas e implementá-las com todo o rigor necessário". Através da análise dos processos revolucionários, desde a revolução francesa até a revolução cultural chinesa, nos projetos e os ensaios de poder existe a necessidade de um poder e uma violência que cumpram o papel transitório revolucionário. Nesse empenho, chega na possibilidade de resgatarmos a categoria de "ditadura do proletariado":

> E se assumirmos o risco de ressuscitar a boa e velha "ditadura do proletariado" como única maneira de romper com a biopolítica? Hoje, isso só pode soar ridículo; só podem parecer dois termos incompatíveis, de campos diferentes, sem nenhum espaço em comum: a análise mais recente de poder político contra a mitologia comunista arcaica e desacreditada. Ainda assim, hoje é a única escolha verdadeira. A expressão "ditadura do proletariado" continua a apontar o problema-chave." (Žižek, 2021, p. 207).

Para Žižek, a ditadura do proletariado é a forma de reintroduzir o antagonismo radical no campo democrático, no sentido de um processo de mobilização e auto-organização do povo indiferente à democracia formal/institucional. Também defende o emprego da terminologia comunista, como «ditadura do proletariado», em nome da «memória coletiva da humanidade».

Sobre o Livro

A ditadura do proletariado por ser apresentada como algo ultrapassada e com pouca relevância na história, mas sua importância não pode ser banida enquanto o capitalismo existir. Por isso, aqueles que têm medo de perder seus privilégios econômicos e políticos no sistema capitalista procuram desacreditar o socialismo e a ditadura do proletariado, pois sabem que é o movimento que pode subordinar os interesses privados às grandes necessidades do povo. Não é à toa que os capitalistas desencadeiam permanentemente uma ofensiva política e ideológica no sentido de banir as ideias e práticas socialistas. Porém, o universalismo liberal-democrata falhou por causa de suas próprias limitações e inconsistências imanentes. A crise da democracia-liberal e a ascensão do populismo é o sintoma dessa falha. A solução passa por novas ditaduras do proletariado, única forma de Estado capaz de resolver os problemas que a humanidade enfrenta hoje em dia. A ditadura do proletariado não é uma política ou uma estratégia envolvendo o estabelecimento de uma *forma* particular de governo e instituições, mas sim uma realidade histórica. Mais precisamente, uma realidade com raízes no próprio capitalismo e que cobre todo o período de transição ao comunismo. E, numa realidade de contrarrevolução mundial de longo prazo, a ditadura do proletariado é uma necessidade histórica, única capaz de derrotar os movimentos contra-revolucionários.

Atualmente, todos os estados modernos são ou ditadura da burguesia ou ditadura do proletariado. Somos obrigados a concluir que aqueles que querem abandonar a ditadura do proletariado são conscientemente ou não, motivados não pelo desejo de preservar ou estender a democracia, mas sim pelo medo do que a genuína democracia de massa possa realmente significar. Esse não pode ser o motivo para nós aceitarmos o abandono da ditadura do proletariado, pelo contrário, deve ser o motivo para lutarmos por ela.

Este livro compila contribuições teóricas e práticas para o entendimento da ditadura do proletariado. Primeiro com Marx e Engels. Depois com Lênin, Josef Stálin, Mao Tsé-Tung, Deng Xiaoping, Kim Il Sung, Fidel Castro e Samora Machel. São contribuição de lideranças que tiveram que enfrentar concretamente os problemas e desafios na construção de Estados proletários. Kim Il Sung, por exemplo, afirmou que "enquanto no mundo exista o capitalismo, a ditadura do proletariado não poderá desaparecer, nem muito menos poderemos falar de extinção do Estado". Também compilamos escritos de três filósofos marxistas: Georg Lukács, Louis Althusser e Étienne Bálibar. Trata-se de um quadro geral, mas que abarca os principais acúmulos do marxismo para mudar o mundo tomando o poder.

Referências

ALTHUSSER, L. Conferência sobre a ditadura do proletariado (1976). Lutas Sociais, São Paulo, vol. 18, n. 33, 2014.

BALIBAR, É. Sobre la dictadura del proletariado. Madrid: Siglo XXI Editores, 1977.

DARDOT, P; LAVAL, C. A nova razão do mundo: ensaio sobre a sociedade neoliberal. São Paulo: Editora Boitempo, 2016.

FRASER, N. "El fin del neoliberalismo progressista". Revista de Libros, 2017.

FUKUYAMA, F. O fim da história e o último homem. Rio de Janeiro: Rocco, 1992.

______. 30 anos depois: o mundo está a tornar-se chinês? Entrevista Nikkei Ásia, 2019.

______. Democracia: o fim de um modelo? Entrevista Instituto Montaige, 2023. Disponível em https://www.institutmontaigne.org/en/expressions/democracy-end-model-interview-francis-fukuyama

JESSOP, B. Nicos Poulantzas: marxist theory and political strategy. New York, St. Martin's Press, 1985.

HOLLOWAY, J. "El Estado y la lucha cotidiana". In: Marxismo, Estado y Capital. Buenos Aires: Editorial Tierra del Fuego, 1994.

__________. Mudar o mundo sem tomar o poder. São Paulo, Editora Viramundo, 2002.

HILLENBRAND, E. "La encruzijada social-demócrata". Nueva Sociedad, n 261, 2016.

LENIN, V. Sobre as tarefas do proletariado na presente revolução. In: Obras Escolhidas. Vol. 2. São Paulo, Editora Alfa-Ômega, 1980.

_________. O Estado e a revolução. A doutrina do marxismo sobre o Estado e as tarefas do proletariado na revolução. In: Obras Escolhidas. Vol. 2. São Paulo, Editora Alfa-Ômega, 1980.

_________. A economia e a política na época da ditadura do proletariado. In: Obras Escolhidas. Vol. 3. São Paulo, Editora Alfa-Ômega, 1980.

LOSURDO, D. O marxismo ocidental: como nasceu, como morreu, como pode renascer. São Paulo, Boitempo, 2018.

LUKÁCS, G. História e consciência de classe: estudos sobre a dialética marxista. São Paulo, Martins Fontes, 2003.

MARCELINO, F. Para onde vai a esquerda? Kotter Editorial, Curitiba, 2024.

__________,Deng Xiaoping: as ideias que transformaram a China na superpotência do século XXI. Kotter Editorial, Curitiba, 2025.

MARX, K. A guerra civil na França. São Paulo: Boitempo Editorial, 2011.

_________. O Dezoito de Brumário de Luís Bonaparte. São Paulo: Boitempo Editorial, 2011. _________. Crítica ao Programa de Gotha. São Paulo: Boitempo Editorial, 2012.

STEFANONI, P. ¿La rebeldia se volvió de derecha? Como el antiprogresismo y la anticorrección política están construyendo um nuevo sentido común (y por qué la izquierda deveria tomarlos em serio. Buenos Aires: Siglo Veintiuno, 2021.

__________. Aire fresco para el progresismo latino-americano, 2021. https://nuso.org/articulo/Boric-chile-elecciones/

ZIZEK, S. Em defesa das causas perdidas; Tradução Maria Beatriz de Medina. São Paulo: Boitempo, 2011.

Manifesto comunista

Karl Marx e Frederich Engels

1944

[...]

A história de toda a sociedade até aqui moveu-se em oposições de classes, as quais nas diversas épocas foram diversamente configuradas. Mas fosse qual fosse a forma assumida, a exploração de uma parte da sociedade pela outra é um fato comum a todos os séculos passados. Não é de admirar, por isso, que a consciência social de todos os séculos, a despeito de toda a multiplicidade e diversidade, se mova em certas formas comuns, em formas de consciência que só se dissolvem completamente com o desaparecimento total da oposição de classes. A revolução comunista é a ruptura mais radical com as relações de propriedade legadas; não admira que no curso do seu desenvolvimento se rompa da maneira mais radical com as ideias legadas. Deixemos, contudo, as objeções da burguesia contra o comunismo.

Já antes vimos que o primeiro passo na revolução operária é a elevação do proletariado a classe dominante, a conquista da democracia pela luta. O proletariado usará a sua dominação política para arrancar a pouco e pouco todo o capital à burguesia, para centralizar todos os instrumentos de produção na mão do Estado, isto é, do proletariado organizado como classe dominante, e para multiplicar o mais rapidamente possível a massa das forças de produção.

Naturalmente isto só pode primeiro acontecer por meio de intervenções despóticas no direito de propriedade e nas relações de produção burguesas, através de medidas, portanto, que economicamente parecem insuficientes e insustentáveis, mas que no decurso do movimento levam para além de si mesmas e são inevitáveis como meios de revolucionamento de todo o modo de produção. Estas medidas serão naturalmente diversas consoante os diversos países. Para os países mais avançados, contudo, poderão ser aplicadas de um modo bastante geral as seguintes:

1. Expropriação da propriedade fundiária e emprego das rendas fundiárias para despesas do Estado.
2. Pesado imposto progressivo.
3. Abolição do direito de herança.
4. Confiscação da propriedade de todos os emigrantes e rebeldes.
5. Centralização do crédito nas mãos do Estado, através de um banco nacional com capital de Estado e monopólio exclusivo.
6. Centralização do sistema de transportes nas mãos do Estado.
7. Multiplicação das fábricas nacionais, dos instrumentos de produção, arroteamento e melhoramento dos terrenos de acordo com um plano comunitário.
8. Obrigatoriedade do trabalho para todos, instituição de exércitos industriais, em especial para a agricultura.
9. Unificação da exploração da agricultura e da indústria, atuação com vista à eliminação gradual da diferença entre cidade e campo.
10. Educação pública e gratuita de todas as crianças. Eliminação do trabalho das crianças nas fábricas na sua forma hodierna. Unificação da educação com a produção material, etc.

Desaparecidas no curso de desenvolvimento as diferenças de classes e concentrada toda a produção nas mãos dos indivíduos associados, o poder público perde o carácter político. Em sentido próprio, o poder político é o poder organizado de uma classe para a opressão de uma outra. Se o proletariado na luta contra a burguesia necessariamente se unifica em classe, por uma revolução se faz classe dominante e como classe dominante suprime violentamente as velhas relações de produção, então suprime juntamente com estas relações de produção as condições de existência da oposição de classes, as classes em geral, e, com isto, a sua própria dominação como classe. Para o lugar da velha sociedade burguesa com as suas classes e oposições de classes entra uma associação em que o livre desenvolvimento de cada um é a condição para o livre desenvolvimento de todos.

Ideologia alemã

Karl Marx

1945

Todas as lutas no interior do Estado são apenas as formas ilusórias nas quais se desenvolveriam as lutas reais entre diferentes classes. O Estado não é nada mais do que a forma de organização que os burgueses necessariamente adotam para garantir a sua propriedade e seus interesses. O Estado é a forma pela qual os indivíduos de uma classe dominante fazem valer seus interesses comuns.

As lutas de classes na França de 1848 a 1850

Karl Marx

1850

O trabalho constitui uma série de artigos onde é dada uma explicação materialista de todo um período da história francesa e elaboradas teses da tática revolucionária do proletariado. Na base da experiência prática da luta revolucionária das massas, Marx desenvolveu sua teoria da revolução e da ditadura do proletariado. Demonstrando a necessidade da conquista do poder político pela classe operária, Marx utiliza aqui pela primeira vez a expressão "ditadura do proletariado" e descreve as tarefas políticas, económicas e ideológicas desta ditadura.

O proletariado de Paris foi obrigado pela burguesia à insurreição de Junho. Já nisto havia a sentença que o condenava. Nem a sua necessidade imediata e confessada o levava a querer derrubar violentamente a burguesia, nem estava à altura de tal tarefa. O Moniteur teve de fazer-lhe saber oficialmente que o tempo em que a república se vira obrigada a prestar homenagem às suas ilusões já tinha passado, e só a sua derrota o convenceu desta verdade: que, no seio da república burguesa, a mais pequena melhoria da sua situação é uma utopia, uma utopia que passa a ser crime logo que queira realizar-se. Em vez das reivindicações exaltadas na forma, mas mesquinhas no conteúdo e mesmo ainda burguesas, cuja satisfação ele queria forçar a república de Fevereiro a conceder, surgia agora a audaciosa palavra de ordem revolucionária: Derrube da burguesia! Ditadura da classe operária!

Ao transformar o seu lugar de morte em lugar de nascimento da república burguesa, o proletariado obrigou-a ao mesmo tempo a manifestar-se na sua forma pura como Estado, cujo objetivo confesso é eternizar a dominação do capital e a escravidão do trabalho. Não tirando os olhos do inimigo cheio de cicatrizes, irreconciliável e invencível — invencível porque a sua existência é a condição da própria vida dela — a dominação burguesa, livre de todas as peias, tinha que imediatamente descambar no terrorismo burguês. Com o proletariado provisoriamente afastado do palco, com a ditadura burguesa reconhecida oficialmente, as camadas médias da sociedade burguesa, a pequena burguesia e a classe dos camponeses tiveram de se ligar cada vez mais ao proletariado na medida em que a sua situação se tornava mais insuportável e a sua oposição em relação à burguesia se tornava mais dura. Tinha agora de encontrar a razão das suas misérias na derrota daquele tal como outrora a haviam encontrado no seu ascenso.

Quando por toda a parte no continente a insurreição de Junho elevou a consciência de si própria da burguesia e a fez estabelecer abertamente uma aliança com a realeza feudal contra o povo, quem foi a primeira vítima dessa aliança? A própria burguesia continental. A derrota de Junho impediu-a de consolidar a sua dominação e de imobilizar o povo, meio satisfeito e meio melindrado, no escalão subalterno da revolução burguesa.

Finalmente, a derrota de Junho revelou às potências despóticas da Europa o segredo de que a França tinha de manter a todo o custo a paz com o exterior a fim de no interior levar a cabo a guerra civil. Assim, os povos que tinham iniciado a luta pela sua independência nacional foram abandonados à prepotência da Rússia, da Áustria e da Prússia, mas, ao mesmo tempo, o destino destas revoluções nacionais ficava sujeito à sorte da revolução proletária e despojado da sua aparente autonomia, da sua independência face à grande transformação social. O húngaro não será livre, nem o polaco, nem o italiano enquanto o operário for escravo!

Por fim, com as vitórias da Santa Aliança, a Europa adquiriu uma forma que faz imediatamente coincidir cada nova sublevação proletária em França com uma guerra mundial. A nova revolução francesa é obrigada a deixar imediatamente o solo nacional e a conquistar o terreno europeu, o único em que a revolução social do século XIX pode ser levada a cabo.

Portanto, só através da derrota de Junho foram criadas todas as condições no seio das quais a França pode tomar a iniciativa da revolução europeia. Só empapada no sangue dos insurrectos de Junho a tricolor se tornou bandeira da revolução europeia — bandeira vermelha! E nós gritamos: A revolução morreu! Viva a revolução!

[...]

Enquanto a utopia, o socialismo doutrinário, que submete a totalidade do seu movimento a um dos aspectos daquela; que coloca no lugar da produção comum, da produção social, a atividade cerebral de um qualquer pedante e sobretudo elimina fantasiosamente a luta revolucionária das classes com as suas necessidades através de pequenos passes de mágica ou de grandes sentimentalismos; enquanto este socialismo doutrinário, que no fundo apenas idealiza a sociedade atual, dela recolhe uma imagem sem sombras e pretende impor o seu ideal contra a realidade dela, enquanto este socialismo é cedido pelo proletariado à pequena-burguesia; enquanto a luta dos diversos chefes socialistas entre si mesmos põe em evidência que cada um dos chamados sistemas se apega afincadamente a um dos pontos de trânsito da revolução social contrapondo-o aos outros, o proletariado agrupa-se cada vez mais em torno do socialismo revolucionário, em torno do comunismo, para o qual a própria burguesia tinha inventado o nome Blanqui. Este socialismo é a declaração da permanência da revolução, a ditadura de classe do proletariado como ponto de trânsito necessário para a abolição das diferenças de classes em geral, para a abolição de todas as relações de produção em que aquelas se apoiam, para a abolição de todas as relações sociais que correspondem a essas relações de produção, para a revolução de todas as ideias que decorrem destas relações sociais.

Carta para Joseph Weydemeyer

Karl Marx

5 de Março de 1852

Pois bem, no que me diz respeito, não me cabe o mérito de ter descoberto nem a existência das classes na sociedade moderna nem a luta travada entre estas. Historiadores burgueses já haviam, muito antes de mim, apresentado o desenvolvimento histórico dessa luta de classes e os economistas burgueses, a anatomia econômica das classes. O que fiz de novo foi:

1. demonstrar que a existência das classes está vinculada meramente a determinadas fases históricas de desenvolvimento da produção ;
2. que a luta de classes conduz necessariamente à Ditadura do Proletariado ;
3. que essa Ditadura mesma constitui apenas a transição rumo à abolição de todas as classes e a uma sociedade sem classes.

O 18 Brumário de Louis Bonaparte

Karl Marx

1852

O que se ganha facilmente se entrega facilmente. O intervalo de tempo, porém, não passou sem proveito. Entre os anos de 1848 e 1851 a sociedade francesa supriu — e por um método abreviado, por ser revolucionário — estudos e conhecimentos que em um desenvolvimento regular, de lição em lição, por assim dizer, teriam tido que preceder a Revolução de Fevereiro se esta devesse constituir mais do que um estremecimento da superfície. A sociedade parece ter agora retrocedido para antes do seu ponto de partida; na realidade, somente hoje ela cria o seu ponto de partida revolucionário, isto é, a situação, as relações, as condições sem as quais a revolução moderna não adquire um caráter sério. As revoluções burguesas, como as do século XVIII, avançam rapidamente de sucesso em sucesso; seus efeitos dramáticos excedem uns aos outros; os homens e as coisas se destacam como gemas fulgurantes; o êxtase é o estado permanente da sociedade; mas estas revoluções têm vida curta; logo atingem o auge, e uma longa modorra se apodera da sociedade antes que esta tenha aprendido a assimilar serenamente os resultados de seu período de lutas e embates. Por outro lado, as revoluções proletárias, como as do século XIX, se criticam constantemente a si próprias, interrompem continuamente seu curso, voltam ao que parecia resolvido para recomeçá-lo outra vez, escarnecem com impiedosa consciência as deficiências, fraquezas e misérias de seus primeiros esforços, parecem derrubar seu adversário apenas para que este possa retirar da terra novas forças e erguer-se novamente, agigantado, diante delas, recuam constantemente ante a magnitude infinita de seus próprios objetivos até que se cria uma situação que toma impossível qualquer retrocesso e na qual as próprias condições gritam:

Hic Rhodus, hic salta!

Aqui está Rodes, salta aqui!

Sobre a autoridade

Friedrich Engels

Março de 1873

Escrito durante os meses de janeiro e fevereiro de 1873. Publicado no Almanacco Repubblicano de 1874.

Alguns socialistas empreenderam ultimamente uma verdadeira cruzada contra o que chamam princípio da autoridade. Basta que se lhes diga que tal ou qual ato é autoritário para que o condenem. A tal ponto se abusa desse método sumário de proceder que não há outro remédio senão examinar a questão um pouco mais de perto. Autoridade, no sentido de que se trata, quer dizer: imposição da vontade de outrem à nossa vontade; por outro lado, autoridade pressupõe subordinação. Pois bem: por pior que soem estas duas palavras e por mais desagradável que seja para a parte subordinada a relação que elas representam, a questão está em saber se existe meio de prescindir dela, se — dadas as condições atuais da sociedade — podemos criar outro regime social em que essa autoridade já não seja necessária e no qual, portanto, deva desaparecer. Examinando as condições econômicas, industriais e agrícolas, que constituem a base da atual sociedade burguesa, concluímos que elas tendem a deslocar cada vez mais a ação isolada pela ação combinada dos indivíduos. A indústria moderna, com grandes fábricas e oficinas, nas quais centenas de operários vigiam a marcha das máquinas complexas movidas a vapor, veio ocupar o lugar do produtor isolado; as carruagens e os carros para grandes distâncias foram substituídos pelo trem, assim como as pequenas escunas e faluas o foram pelos barcos a vapor. A própria agricultura vai gradualmente caindo sob o domínio da máquina e do vapor, que substituem, lenta mas inexoravelmente, os pequenos proprietários por grandes capitalistas que, com a ajuda de operários assalariados, cultivam grandes extensões de terra. A ação coordenada, a complexidade dos processos, subordinados uns aos outros, desloca em toda parte a ação independente dos indivíduos. E quem diz ação coordenada diz organização. E pode-se conceber organização sem autoridade?

Suponhamos que uma revolução social houvesse derrubado os capitalistas, cuja autoridade dirige presentemente a produção e a circulação da riqueza. Admitamos - para nos colocarmos inteiramente no ponto de vista dos anti-autoritários - que a terra e os instrumentos de trabalho converteram-se em propriedade coletiva dos operários que os utilizam. Teria desaparecido a autoridade, ou não teria senão mudado de forma? Vejamos.

Tomemos, a título de exemplo, uma fábrica de fios de algodão. O algodão, antes de converter-se em fio, tem que passar, pelo menos, por seis operações sucessivas executadas, em sua maior parte, em diferentes locais. Além disso, para manter as máquinas em movimento, precisa-se de um engenheiro que controle a máquina a vapor, mecânicos para as reparações diárias e, ademais, numerosos empregados destinados a transportar os produtos de um lugar para outro, etc. Todos esses operários, homens, mulheres e crianças, são obrigados a começar e a terminar o seu trabalho na hora fixada pela autoridade do vapor, que zomba da autonomia individual. Portanto, o que é necessário, antes de tudo, é que os operários se ponham de acordo quanto às horas de trabalho; a esse horário, uma vez fixado, submetem-se todos, sem nenhuma exceção. Depois, em cada lugar e a cada instante, surgem problemas de detalhe sobre o modo de produção, sobre a distribuição dos materiais, etc, problemas que têm de ser resolvidos imediatamente, sob pena de parar logo toda a produção. Quer se resolvam pela decisão de um delegado posto à frente de cada ramo da produção, quer pelo voto da maioria, se isso fosse possível, a vontade de alguém terá sempre que estar subordinada; isto é, as questões serão resolvidas autoritariamente. O mecanismo automático de uma grande fábrica é muito mais tirânico do que jamais foram os pequenos capitalistas que empregam operários. Na porta dessas fábricas poder-se-ia escrever, ao menos do que se refere ao período de trabalho: Lasciate ogni autonomia, voi che entrate! Se o homem, com a ciência e o gênio inventivo, submete as forças da natureza, estas se vingam dele, submetendo-o, enquanto as emprega, a um verdadeiro despotismo, independentemente de toda organização social. Querer abolir a autoridade na grande indústria é querer abolir a própria indústria, é querer destruir as fábricas de fio a vapor para voltar à roca.

Tomemos, para dar outro exemplo, uma ferrovia. Também aqui é absolutamente necessária a cooperação de uma infinidade de indivíduos, cooperação que deve realizar-se com toda exatidão a fim de que não se verifiquem desastres. Também aqui, a primeira condição para que a empresa marche é uma vontade dominante que remova todas as questões secundárias. Essa vontade pode ser representada por um só delegado ou por um comitê encarregado de executar as decisões de uma maioria de interessados. Tanto em um como em outro caso existe uma autoridade bem evidente. Mais ainda: que se passaria com o primeiro trem que partisse se fosse abolida a autoridade dos empregados da ferrovia sobre os senhores viajantes?

Onde mais ressalta, porém, a necessidade da autoridade, e de uma autoridade imperiosa, é num barco em alto mar. Ali, no momento de perigo, a vida de cada um depende da obediência instantânea e absoluta de todos à vontade de um só.

Quando apresentei semelhantes argumentos aos mais furiosos anti-autoritários não souberam eles responder-me senão isto: "Ah! Isso é verdade, mas aqui não se trata de que nós demos ao delegado uma autoridade, trata-se de um encargo!" Creem estes senhores que modificam a coisa modificando-lhe o nome. Eis aí como zombam do mundo esses profundos pensadores.

Vimos, pois, que de um lado certa autoridade, delegada de que modo for, e de outra parte certa subordinação são coisas que, independentemente, de toda organização social, se nos impõe com as condições materiais nas quais produzimos e fazemos circular os produtos.

Vimos, ademais, que as condições materiais de produção e de circulação estendem-se inevitavelmente com a grande indústria, e tendem cada vez mais a ampliar o campo dessa autoridade. É absurdo, portanto, falar do princípio de autoridade como de um princípio absolutamente mau e do princípio de autonomia como de um princípio absolutamente bom. A autoridade e a autonomia são coisas relativas, cujas esferas variam nas diferentes fases do desenvolvimento social. Se os autonomistas se limitassem a dizer que a organização social do futuro restringirá a autoridade até o limite estrito em que as condições da produção a tornem inevitável, poderíamos entender-nos; mas, longe disso, permanecem cegos para todos os fatos que tornam a coisa necessária e arremetem furiosamente contra a palavra.

Por que os anti-autoritários não se limitam a clamar contra a autoridade política, contra o Estado? Todos os socialistas estão de acordo em que o Estado político, e com ele a autoridade política, desaparecerão como consequência da próxima revolução social, isto é, do fato de que as funções públicas perderão seu caráter político, passando a ser simples funções administrativas, destinadas a zelar pelos verdadeiros interesses sociais. Mas os anti-autoritários exigem que o Estado político autoritário seja abolido de um golpe, mesmo antes de terem sido destruídas as condições sociais que o fizeram nascer. Exigem que o primeiro ato da revolução social seja a abolição da autoridade. Será que esses senhores jamais viram uma revolução? Uma revolução é, indiscutivelmente, a coisa mais autoritária que existe; é o ato através do qual uma parte da população impõe sua vontade à outra parte por meio de fuzis, baionetas e canhões, meios autoritários desde que existam; e o partido vitorioso, se não quiser ter lutado em vão, tem que manter esse domínio pelo terror que as suas armas inspiram aos reacionários. A Comuna de Paris teria por acaso durado um só dia se não fosse empregada essa autoridade do povo armado frente aos burgueses? Não podemos, ao contrário, criticá-la por não se ter servido bastante dela?

Portanto, uma das duas: ou os anti-autoritários não sabem o que dizem, e nesse caso não fazem senão semear a confusão; ou sabem, e nesse caso traem o movimento do proletariado. Num e noutro caso, servem à reação.

Crítica ao Programa de Gotha

Karl Marx

1975

O trabalho de Marx Kritik des Gothaer Programms (Critica do Programa de Gotha), escrito em 1875, é composto por um conjunto de observações críticas ao projeto de programa do futuro partido operário alemão unificado. Nesta obra Marx formulou toda uma série de ideias sobre as questões fundamentais da teoria do comunismo científico, tais como a revolução socialista, a ditadura do proletariado, o período de transição do capitalismo para o comunismo, as duas fases da sociedade comunista, a produção e a distribuição do produto social no socialismo e os traços fundamentais do comunismo e o partido da classe operária.

[...]

A «sociedade hodierna» é a sociedade capitalista, que existe em todos os países civilizados, mais ou menos livre de excrecências medievais, mais ou menos modificada pelo desenvolvimento histórico particular de cada país, mais ou menos desenvolvida. O «Estado hodierno», pelo contrário, muda com as fronteiras do país. No Império prusso-alemão é diferente de na Suíça, na Inglaterra é diferente de nos Estados Unidos. «O Estado hodierno» é, portanto, uma ficção. No entanto, os diversos Estados dos diversos países civilizados, apesar da sua variada diversidade de formas, têm tudo isto em comum: erguem-se sobre o solo da sociedade burguesa moderna, só que umas mais ou menos desenvolvidas de modo capitalista. Também têm, portanto, em comum certos caracteres essenciais. Neste sentido, pode falar-se de «sistema de Estado hodierno», em oposição ao futuro, em que a sua raiz atual, a sociedade burguesa, se terá extinguido.

Pergunta-se, então: por que transformação passará o sistema de Estado numa sociedade comunista? Por outras palavras, que funções sociais permanecem aí, que sejam análogas às funções atuais do Estado? Há que responder a esta pergunta apenas cientificamente, e também não se fica de um salto de pulga mais perto do problema pela combinação, em mil maneiras, da palavra povo com a palavra Estado. Entre a sociedade capitalista e a comunista fica o período da transformação revolucionária de uma na outra. Ao qual corresponde também um período político de transição cujo Estado não pode ser senão a ditadura revolucionária do proletariado.

Anarquismo ou socialismo?

Josef Stalin

1906

No final de 1905 e início de 1906, um grupo de anarquistas na Geórgia, liderado pelo conhecido anarquista e seguidor de Kropotkin, V. Cherkezishvili, e seus apoiadores Mikhako Tsereteli (Baton), Shalva Gogelia e outros, conduziu uma feroz campanha contra os social-democratas. Esse grupo publicou em Tíflis os jornais *Nobati*, *Musha* e outros. J. V. Stalin escreveu uma série de artigos contra os anarquistas sob o título geral de "*Anarquismo ou Socialismo?*". Os quatro primeiros volumes foram publicados no *Akhali Tskhovreba* em junho e julho de 1906. Os demais não foram publicados, pois o jornal foi suprimido pelas autoridades.

O centro da vida social moderna é a luta de classes. No curso dessa luta, cada classe é guiada por sua própria ideologia. A burguesia tem sua própria ideologia — o chamado *liberalismo*. O proletariado também tem sua própria ideologia — isso, como se sabe, é o *socialismo*. O liberalismo não deve ser considerado algo inteiro e indivisível: ele é subdividido em diferentes tendências, correspondentes aos diferentes estratos da burguesia. O socialismo também não é completo e indivisível: nele também há diferentes tendências.

Não examinaremos aqui o liberalismo — é melhor deixar essa tarefa para outra ocasião. Queremos familiarizar o leitor apenas com o socialismo e suas tendências. Acreditamos que ele achará isso mais interessante.

O socialismo é dividido em três tendências principais: *reformismo*, *anarquismo* e *marxismo*.

O reformismo (Bernstein e outros), que considera o socialismo como um objetivo remoto e nada mais, o reformismo, que na verdade repudia a revolução socialista e visa estabelecer o socialismo por meios pacíficos, o reformismo, que defende não a luta de classes, mas a colaboração de classes — esse reformismo está decaindo dia a dia, está dia a dia perdendo toda a aparência de socialismo e, em nossa opinião, é totalmente desnecessário examiná-lo nestes artigos ao definir o socialismo.

É completamente diferente com o marxismo e o anarquismo: ambos são atualmente reconhecidos como tendências socialistas, estão travando uma luta feroz um contra o outro, ambos estão tentando se apresentar ao proletariado como doutrinas genuinamente socialistas e, é claro, um estudo e uma comparação dos dois serão muito mais interessantes para o leitor.

Não somos o tipo de pessoa que, quando a palavra "anarquismo" é mencionada, vira as costas com desprezo e diz com um aceno de mão arrogante: "Por que perder tempo com isso? Não vale a pena falar sobre isso!" Achamos que essa "crítica" barata é indigna e inútil.

Também não somos o tipo de pessoas que se consolam com a ideia de que os anarquistas "não têm massas por trás deles e, portanto, não são tão perigosos". Não é quem tem uma "massa" maior ou menor de seguidores hoje, mas a essência da doutrina que importa. Se a "doutrina" dos anarquistas expressa a verdade, então é evidente que ela certamente abrirá caminho para si mesma e reunirá as massas em torno de si. Se, no entanto, for insustentável e construída sobre uma base falsa, não durará muito e permanecerá suspensa no ar. Mas a insustentabilidade do anarquismo precisa ser provada.

Algumas pessoas acreditam que o marxismo e o anarquismo se baseiam nos mesmos princípios e que as divergências entre eles dizem respeito apenas a táticas, de modo que, na opinião dessas pessoas, é completamente impossível traçar um contraste entre essas duas tendências. Esse é um grande erro.

Acreditamos que os anarquistas são verdadeiros inimigos do marxismo. Consequentemente, também defendemos que uma luta real deve ser travada contra inimigos reais. Portanto, é necessário examinar a "doutrina" dos anarquistas do início ao fim e ponderá-la cuidadosamente sob todos os aspectos.

A questão é que o marxismo e o anarquismo se baseiam em princípios completamente diferentes, apesar de ambos entrarem na arena da luta sob a bandeira do socialismo. A pedra angular do anarquismo é o *indivíduo*, cuja emancipação, segundo seus princípios, é a principal condição para a emancipação das massas, o coletivo. Segundo os princípios do anarquismo, a emancipação das massas é impossível até que o indivíduo seja emancipado. Consequentemente, seu lema é: "Tudo para o indivíduo". A pedra angular do marxismo, no entanto, são as massas, cuja emancipação, segundo seus princípios, é a principal condição para a emancipação do indivíduo. Ou seja, segundo os princípios do marxismo, a emancipação do indivíduo é impossível até que as massas sejam emancipadas. Consequentemente, seu lema é: "Tudo para as massas".

Claramente, temos aqui dois princípios, um negando o outro, e não meramente divergências sobre táticas.

Começaremos com uma descrição do marxismo, abordaremos, de passagem, as visões dos anarquistas sobre o marxismo e, em seguida, passaremos à crítica do próprio anarquismo. A saber: exporemos o método dialético, as visões dos anarquistas sobre esse método e nossa crítica; a teoria materialista, as visões dos anarquistas e nossa crítica (aqui, também, discutiremos a revolução socialista, a ditadura socialista, o programa mínimo e a tática em geral); a filosofia dos anarquistas e nossa crítica; o socialismo dos anarquistas e nossa crítica; a tática e a organização anarquistas — e, para concluir, apresentaremos nossas deduções.

Tentaremos provar que, como defensores do socialismo de pequenas comunidades, os anarquistas não são socialistas genuínos. Tentaremos também provar que, na medida em que repudiam a ditadura do proletariado, os anarquistas também não são verdadeiros revolucionários. E então, vamos prosseguir com o nosso assunto.

[...]

O ideal socialista não é o ideal de todas as classes. É o ideal apenas do proletariado; nem todas as classes estão diretamente interessadas em sua realização; apenas o proletariado está interessado. Isso significa que, enquanto o proletariado constituir uma pequena parcela da sociedade, o estabelecimento do sistema socialista é impossível. A decadência da antiga forma de produção, a maior concentração da produção capitalista e a proletarização da maioria na sociedade — tais são as condições necessárias para a conquista do socialismo. Mas isso ainda não é suficiente. A maioria na sociedade pode já estar proletarizada, mas o socialismo ainda pode não ser alcançável. Isso porque, além de tudo isso, a conquista do socialismo exige consciência de classe, a unidade do proletariado e a capacidade do proletariado de administrar seus próprios negócios. Para que tudo isso seja alcançado, é necessária a chamada liberdade política, ou seja, a liberdade de expressão, de imprensa, de greve e de associação; em suma, a liberdade de travar a luta de classes. Mas a liberdade política não é igualmente assegurada em todos os lugares. Portanto, as condições sob as quais ela é obrigada a travar a luta: sob uma autocracia feudal (Rússia), uma monarquia constitucional (Alemanha), uma república grande-burguesa (França) ou sob uma república democrática (que a social-democracia russa reivindica), não são indiferentes ao proletariado. A liberdade política é melhor e mais plenamente assegurada em uma república democrática, isto é, naturalmente, na medida em que possa ser assegurada sob o capitalismo. Portanto, todos os defensores do socialismo proletário necessariamente lutam pelo estabelecimento de uma república democrática como a melhor "ponte" para o socialismo.

É por isso que, nas condições atuais, o programa marxista está dividido em duas partes: o *programa máximo*, cujo objetivo é o socialismo, e o *programa mínimo*, cujo objetivo é abrir o caminho para o socialismo por meio de uma república democrática.

O que o proletariado deve fazer, que caminho deve tomar para executar conscientemente seu programa, derrubar o capitalismo e construir o socialismo?

A resposta é clara: o proletariado não pode alcançar o socialismo fazendo as pazes com a burguesia — ele deve, infalivelmente, trilhar o caminho da luta, e essa luta deve ser uma luta de classes, uma luta de todo o proletariado contra toda a burguesia. Ou a burguesia e seu capitalismo, ou o proletariado e seu socialismo! Essa deve ser a base das ações do proletariado, de sua luta de classes.

Mas a luta de classes proletária assume inúmeras formas. Uma greve, por exemplo — seja parcial ou geral, não importa — é luta de classes. Boicote e sabotagem são, sem dúvida, luta de classes. Reuniões, manifestações, atividades em órgãos representativos públicos, etc. — sejam parlamentos nacionais ou órgãos de governo local, não importa — também são luta de classes. Todas essas são formas diferentes da mesma luta de classes. Não examinaremos aqui qual forma de luta é mais importante para o proletariado em sua luta de classes; apenas observaremos que, em seu devido tempo e lugar, cada uma é, sem dúvida, necessária ao proletariado como meio essencial para o desenvolvimento de sua consciência de classe e organização; e o proletariado precisa de consciência de classe e organização tanto quanto precisa de ar. Deve-se observar, no entanto, que, para o proletariado, todas essas formas de luta são meramente meios *preparatórios*, que nenhuma delas, tomada separadamente, constitui o meio *decisivo* pelo qual o proletariado pode esmagar o capitalismo. O capitalismo não pode ser esmagado apenas pela greve geral: a greve geral pode apenas criar algumas das condições necessárias para a destruição do capitalismo. É inconcebível que o proletariado seja capaz de derrubar o capitalismo apenas por sua atividade no parlamento: o parlamentarismo só pode preparar algumas das condições necessárias para derrubar o capitalismo.

Qual é, então, o meio *decisivo* pelo qual o proletariado derrubará o sistema capitalista? A *revolução socialista* é esse meio. Greves, boicotes, parlamentarismo, comícios e manifestações são boas formas de luta como meios para preparar e organizar o proletariado. Mas nenhum desses meios é capaz de abolir a desigualdade existente. Todos esses meios devem ser concentrados em um único meio principal e decisivo: o proletariado deve se levantar e lançar um ataque determinado à burguesia para destruir o capitalismo até os seus alicerces. Esse meio principal e decisivo é a revolução socialista.

A revolução socialista não deve ser concebida como um golpe repentino e curto; é uma luta prolongada travada pelas massas proletárias, que infligem a derrota à burguesia e conquistam suas posições. E como a vitória do proletariado significará, ao mesmo tempo, a dominação sobre a burguesia vencida, assim como, *em um choque de classes*, a derrota de uma classe significa a dominação da outra, a primeira etapa da revolução socialista será a dominação política do proletariado sobre a burguesia.

A ditadura socialista *do proletariado*, a tomada do poder pelo proletariado — é com isso que a revolução socialista deve começar. Isto significa que, *até que a burguesia seja completamente derrotada*, até que sua riqueza seja confiscada, o proletariado deve, sem falta, possuir uma força militar, deve, sem falta, ter sua "guarda proletária", com a ajuda da qual repelirá os ataques contrarrevolucionários da burguesia moribunda, exatamente como o proletariado de Paris fez durante a Comuna.

A ditadura socialista do proletariado é necessária para permitir que o proletariado exproprie a burguesia, para permitir que ela confisque as terras, as florestas, as fábricas e moinhos, as máquinas, as ferrovias, etc., de toda a burguesia. A expropriação da burguesia — é a isso que a revolução socialista deve levar. Este, então, é o meio principal e decisivo pelo qual o proletariado derrubará o atual sistema capitalista. É por isso que Karl Marx disse já em 1847: "O primeiro passo na revolução da classe trabalhadora é elevar o proletariado à posição de classe dominante. O proletariado usará sua supremacia política para arrancar, gradualmente, todo o capital da burguesia, para centralizar todos os instrumentos de produção nas mãos... do proletariado organizado como classe dominante" (*Manifesto Comunista*). É assim que o proletariado deve proceder se quiser concretizar o socialismo.

Deste princípio geral emergem todas as outras visões sobre táticas. Greves, boicotes, manifestações e parlamentarismo são importantes apenas na medida em que ajudam a organizar o proletariado e a fortalecer e ampliar suas organizações para a realização da revolução socialista. Mas, para trazer o socialismo, a revolução socialista é necessária, e a revolução socialista deve começar com a ditadura do proletariado, ou seja, o proletariado deve tomar o poder político como um meio para expropriar a burguesia.

Mas para alcançar tudo isso, o proletariado deve ser organizado, as fileiras proletárias devem ser unidas e unidas, fortes organizações proletárias devem ser formadas, e estas devem crescer constantemente. Que formas as organizações proletárias devem assumir? As organizações de massa mais difundidas são os sindicatos e as cooperativas de trabalhadores (principalmente cooperativas de produtores e consumidores). O objetivo dos sindicatos é lutar (principalmente) contra o capital industrial para melhorar as condições dos trabalhadores dentro dos limites do atual sistema capitalista. O objetivo das cooperativas é lutar (principalmente) contra o capital mercantil para garantir um aumento do consumo entre os trabalhadores, reduzindo os preços dos artigos de primeira necessidade, também dentro dos limites do sistema capitalista, é claro. O proletariado, sem dúvida, precisa tanto dos sindicatos quanto das cooperativas como meios de organizar as massas proletárias. Portanto, do ponto de vista do socialismo proletário de Marx e Engels, o proletariado deve utilizar ambas as formas de organização e reforçá-las e fortalecê-las, na medida em que isso seja possível nas atuais condições políticas, é claro.

Mas os sindicatos e as cooperativas, por si sós, não podem satisfazer as necessidades organizacionais do proletariado militante.

Isso porque as organizações mencionadas não podem ir além dos limites do capitalismo, pois seu objetivo é melhorar as condições dos trabalhadores sob o sistema capitalista. Os trabalhadores, no entanto, querem se libertar completamente da escravidão capitalista, querem romper esses limites, e não apenas operar dentro dos limites do capitalismo. Portanto, além disso, é necessária uma organização que reúna em torno de si os elementos conscientes de classe dos trabalhadores de todas as profissões, que transforme o proletariado em uma classe consciente e tenha como objetivo principal romper o sistema capitalista, preparar a revolução socialista.

[...]

Já no final de 1847, Karl Marx e Friedrich Engels disseram que, para estabelecer o socialismo, o proletariado deve alcançar uma ditadura política para, com a ajuda dessa ditadura, repelir os ataques contra-revolucionários da burguesia e tirar dela os meios de produção; que essa ditadura não deve ser a ditadura de alguns indivíduos, mas a ditadura de todo o proletariado como classe: "O proletariado usará sua supremacia política para arrancar, gradualmente, todo o capital da burguesia, para centralizar todos os instrumentos de produção nas mãos do proletariado organizado como classe dominante" (*Manifesto Comunista*). Ou seja, a ditadura do proletariado será uma ditadura de todo o proletariado como classe sobre a burguesia e não a dominação de alguns indivíduos sobre o proletariado.

Mais tarde, eles repetiram essa mesma ideia em quase todas as suas outras obras, como, por exemplo, *O Dezoito Brumário de Luís Bonaparte*, *As Lutas de Classe na França*, *A Guerra Civil na França*, *Revolução e Contrarrevolução na Alemanha*, *Anti-Duhring* e outras obras. Mas isso não é tudo; para averiguar como Marx e Engels concebiam a ditadura do proletariado, para averiguar em que medida consideravam essa ditadura possível, é muito interessante conhecer a atitude deles em relação à Comuna de Paris. A questão é que a ditadura do proletariado é denunciada não apenas pelos anarquistas, mas também pela pequena burguesia urbana, incluindo todos os tipos de açougueiros e taverneiros — por todos aqueles a quem Marx e Engels chamavam de filisteus. Eis o que Engels disse sobre a ditadura do proletariado, dirigindo-se a esses filisteus: "Ultimamente, o filisteu alemão voltou a sentir um terror salutar ao ouvir as palavras: *Ditadura do Proletariado*. Muito bem, senhores, querem saber como é essa ditadura? Vejam a Comuna de Paris. Aquela era a Ditadura do Proletariado" (ver *A Guerra Civil na França*, Introdução de Engels).

Como você vê, Engels concebeu a ditadura do proletariado na forma da Comuna de Paris. É claro que todos que desejam saber o que é a ditadura do proletariado, tal como concebida pelos marxistas, devem estudar a Comuna de Paris. Voltemo-nos então para a Comuna de Paris. Se se verificar que a Comuna de Paris foi de fato a ditadura de alguns indivíduos sobre o proletariado, então — abaixo o marxismo, abaixo a ditadura do proletariado! Mas se descobrirmos que a Comuna de Paris foi de facto a ditadura do proletariado sobre a burguesia, então... riremos à gargalhada dos caluniadores anarquistas que, na sua luta contra os marxistas, não têm alternativa senão inventar calúnias.

O Estado e a Revolução

Vladimir Ilitch Lênin

Setembro de 1917, às vésperas da Revolução de Outubro

[...]

O Estado é a organização especial da força, é a organização da violência para a repressão de uma classe qualquer. Qual é então a classe que o proletariado deve reprimir? Naturalmente apenas a classe dos exploradores, isto é, a burguesia. Os trabalhadores precisam do Estado apenas para reprimir a resistência dos exploradores, e dirigir esta repressão, realizá-la na pratica, só o proletariado está em condições de o fazer, como única classe revolucionária até ao fim, única classe capaz de unir todos os trabalhadores e explorados na luta contra a burguesia, no seu completo afastamento.

As classes exploradoras precisam do domínio político no interesse da manutenção da exploração, isto é, no interesse egoísta de uma minoria insignificante contra a imensa maioria do povo. As classes exploradas precisam do domínio político no interesse da completa supressão de toda a exploração, isto é, no interesse da imensa maioria do povo contra a minoria insignificante dos escravistas contemporâneos, isto é, os latifundiários e os capitalistas.

Os democratas pequeno-burgueses, esses pretensos socialistas que substituíam a luta de classes pelos sonhos de entendimento das classes, concebiam a própria transformação socialista de um modo sonhador, não sob a forma do derrubamento do domínio da classe exploradora, mas sob a forma da submissão pacífica da minoria à maioria que ganhou consciência das suas tarefas. Esta Utopia pequeno-burguesa, indissoluvelmente ligada ao reconhecimento de um Estado colocado acima das classes, conduzia na prática à traição dos interesses das classes trabalhadoras, como o mostrou, por exemplo, a história das revoluções francesas de 1848 e 1871, como o mostrou a experiência da participação «socialista» nos ministérios burgueses em Inglaterra, em França, em Itália e em outros países no fim do século XIX e no princípio do século XX.

Marx lutou durante toda a sua vida contra este socialismo pequeno-burguês ressuscitado hoje na Rússia pelos partidos dos socialistas-revolucionários e dos mencheviques. Marx levou a doutrina da luta de classes de modo consequente até à doutrina do poder político, do Estado.

O derrubamento do domínio da burguesia só é possível pelo proletariado, como classe especial, cujas condições económicas de existência a preparam para este derrubamento, lhe dão a possibilidade e a força para o realizar. Ao mesmo tempo que a burguesia fracciona e pulveriza o campesinato e todas as camadas pequeno-burguesas, agrupa, une, organiza o proletariado. Só o proletariado — devido ao seu papel económico na grande produção — é capaz de ser o chefe de todas as massas trabalhadoras e exploradas que a burguesia explora, oprime e esmaga muitas vezes não menos mas mais fortemente que os proletários, mas que são incapazes de uma luta independente pela sua emancipação.

A doutrina da luta de classes, aplicada por Marx à questão do Estado e da revolução socialista, conduz necessariamente ao reconhecimento do domínio político do proletariado, da sua ditadura, isto é, de um poder não partilhado com ninguém e que se apoia diretamente na força armada das massas. O derrubamento da burguesia só pode ser realizado pela transformação do proletariado em classe dominante capaz de reprimir a resistência inevitável, desesperada, da burguesia e de organizar para um novo regime de economia todas as massas trabalhadoras e exploradas.

O proletariado necessita do poder de Estado, de uma organização centralizada da força, de uma organização da violência, tanto para reprimir a resistência dos exploradores como para dirigir a imensa massa da população, o campesinato, a pequena burguesia, os semi-proletários, na obra da organização da economia socialista.

Educando o partido operário, o marxismo educa a vanguarda do proletariado, capaz de tomar o poder e de conduzir todo o povo ao socialismo, de dirigir e de organizar uma nova ordem, de ser o educador, o dirigente e o chefe de todos os trabalhadores e explorados na obra da organização da sua vida social, sem a burguesia e contra a burguesia. Pelo contrário, o oportunismo hoje dominante educa no partido operário representantes dos trabalhadores mais bem pagos, que se desligam da massa, que se «arranjam» bastante bem sob o capitalismo, que vendem por um prato de lentilhas o seu direito de primogenitura, isto é, renunciam ao papel de chefe revolucionários do povo contra a burguesia. «O Estado, isto é, o proletariado organizado como classe dominante» — esta teoria de Marx está indissoluvelmente ligada a toda a sua doutrina sobre o papel revolucionário do proletariado na história. O remate deste papel é a ditadura proletária, o domínio político do proletariado.

Mas se o proletariado precisa do Estado como organização especial da violência contra a burguesia, então daqui impõe-se por si uma conclusão: será concebível a criação de tal organização sem suprimir previamente, sem destruir a máquina do Estado que a burguesia criou para si própria? É a esta conclusão que conduz diretamente o *Manifesto Comunista* e é desta conclusão que Marx fala quando faz o balanço da experiência da revolução de 1848-1851.

[...]

O principal, na doutrina de Marx, é a luta de classes. Assim se diz e se escreve muito frequentemente. Mas é incorreto. E desta incorreção muitas vezes resulta uma deturpação oportunista do marxismo, a sua falsificação num espírito aceitável para a burguesia. Pois a doutrina da luta de classes foi criada não por Marx mas pela burguesia antes de Marx, e, falando em geral, é aceitável para a burguesia. Quem reconhece unicamente a luta de classes, esse ainda não é marxista, esse pode encontrar-se ainda dentro dos limites do pensamento burguês e da política burguesa. Limitar o marxismo à doutrina da luta de classes significa truncar o marxismo, deturpá-lo, reduzí-lo ao que é aceitável para a burguesia. Só é marxista aquele que alarga o reconhecimento da luta de classes até ao reconhecimento da ditadura do proletariado. Nisto consiste a diferença mais profunda entre o marxista e o vulgar pequeno (e também grande) burguês. É nesta pedra de toque que é preciso experimentar a compreensão e o reconhecimento efetivos do marxismo. E não é de estranhar que, quando a história da Europa colocou a classe operária na prática perante esta questão, não só todos os oportunistas e reformistas mas também todos os «kautskianos» (pessoas que vacilam entre o reformismo e o marxismo) se tenham revelado lamentáveis filisteus e democratas pequeno-burgueses, que negam a ditadura do proletariado. A brochura de Kautsky A Ditadura do Proletariado, publicada em Agosto de 1918, isto é, muito tempo depois da primeira edição da presente obra, é um modelo de deturpação filistina do marxismo e da sua infame renegação de fato, simultaneamente com o seu reconhecimento hipócrita em palavras.

O oportunismo contemporâneo, na pessoa do seu principal representante, o ex-marxista K. Kautsky, cai inteiramente dentro da caracterização da atitude burguesa em Marx, porque esse oportunismo limita o domínio do reconhecimento da luta de classes ao domínio das relações burguesas. (E dentro deste domínio, nos seus limites, não existe um único liberal instruído que se recuse a reconhecer «em princípio» a luta de classes!)

O oportunismo não estende o reconhecimento da luta de classes precisamente até aquilo que é o essencial, até ao período de transição do capitalismo para o comunismo, até ao período do derrubamento da burguesia e da sua completa supressão. Na realidade, este período é inevitavelmente um período de uma luta de classes de um encarniçamento sem precedentes, sem precedentes na agudeza das suas formas. E, consequentemente, o Estado deste período deve necessariamente ser um Estado democrático de uma maneira nova (para os proletários e para os não possidentes em geral) e ditatorial de uma maneira nova (contra a burguesia).

Mais. A essência da doutrina de Marx acerca do Estado só foi assimilada pelos que compreenderam que a ditadura de uma só classe é necessária não só para qualquer sociedade de classes em geral, não só para o proletariado que derrubou a burguesia, mas também para a totalidade do período histórico que separa o capitalismo da «sociedade sem classes», do comunismo. As formas dos Estados burgueses são extraordinariamente variadas, mas a sua essência é apenas uma: em última análise, todos estes Estados são, de uma maneira ou de outra, mas necessariamente, uma ditadura da burguesia. A transição do capitalismo para o comunismo não pode naturalmente deixar de dar uma enorme abundância e variedade de formas políticas, mas a sua essência será necessariamente uma só: a ditadura do proletariado.

Capítulo V. As Bases Econômicas da Extinção do Estado

A explicação mais pormenorizada desta questão é dada por Marx na sua *Crítica ao Programa de Gotha* (carta a Bracke, de 5 de Maio de 1875, impressa apenas em 1891 na *Neue Zeit*, IX, 1, e publicada em russo numa edição separada). A parte polémica desta obra notável, que consiste numa crítica ao lassallianismo, deixou na sombra, por assim dizer, a sua parte afirmativa, a saber: a análise da ligação entre o desenvolvimento do comunismo e a extinção do Estado.

1. A Colocação da Questão por Marx

Numa comparação superficial da carta de Marx a Bracke, de 5 de Maio de 1875, com a carta de Engels a Bebel, de 28 de Março de 1875, atrás examinada, pode parecer que Marx é muito mais «estatista» do que Engels, e que a diferença entre as concepções de ambos os escritores acerca do Estado é muito considerável. Engels propõe a Bebel que abandone todo o palavreado acerca do Estado, que bane completamente do programa a palavra Estado, substituindo-a pela palavra «comunidade»; Engels declara mesmo que a Comuna já não era um Estado no sentido próprio. Entretanto Marx fala mesmo do «Estado futuro da sociedade comunista», isto é, parece reconhecer a necessidade do Estado mesmo no comunismo. Mas esta maneira de ver seria radicalmente errada. Um exame mais de perto mostra que as concepções de Marx e de Engels sobre o Estado e a sua extinção coincidem inteiramente e que a expressão citada de Marx se refere precisamente a este Estado em extinção.

É claro que nem se pode falar de determinar o momento desta «extinção» futura, tanto mais que ela representará em si notoriamente um processo prolongado. A diferença aparente entre Marx e Engels explica-se pela diferença dos temas que abordaram e dos objetivos que perseguiam. Engels colocava-se o objetivo de mostrar a Bebel de forma evidente, incisiva, em grandes traços, todo o absurdo dos preconceitos correntes (e partilhados em grande medida por Lassalle) acerca do Estado. Marx apenas de passagem toca esta questão, interessando-se por outro tema: o desenvolvimento da sociedade comunista.

Toda a teoria de Marx é uma ampliação da teoria do desenvolvimento — na sua forma mais consequente, mais completa, mais refletida e mais rica de conteúdo — ao capitalismo contemporâneo. É natural que a Marx se colocasse a questão da aplicação desta teoria tanto a bancarrota próxima do capitalismo como ao desenvolvimento futuro do comunismo futuro.

Na base de que dados se pode, pois, colocar a questão do desenvolvimento futuro do comunismo futuro?

Na base de que ele provém do capitalismo, se desenvolve historicamente do capitalismo, é o resultado da ação de uma força social que é gerada pelo capitalismo. Não se encontra em Marx nem sombra de tentativa de inventar Utopias, de fazer conjecturas ocas acerca do que não se pode saber. Marx coloca a questão do comunismo como um naturalista colocaria, digamos, a questão do desenvolvimento de uma nova variedade biológica, uma vez que se sabe que ela surgiu desta e desta maneira e se modifica em tal e tal direção determinada.

Em primeiro lugar, Marx afasta a confusão trazida pelo programa de Gotha na questão da correlação entre o Estado e a sociedade. «... A "sociedade atual" — escreve ele — é a sociedade capitalista que existe em todos os países civilizados, mais ou menos livre de apêndices medievais, mais ou menos modificada pelo desenvolvimento histórico particular de cada país, mais ou menos desenvolvida. Pelo contrário, o "Estado atual" varia com a fronteira do país. No império prussiano-alemão é diferente do que existe na Suiça, diferente na Inglaterra do que existe nos Estados Unidos. "O Estado atual" é, portanto, uma ficção. Contudo, os diferentes Estados dos diferentes países civilizados têm todos em comum, apesar das suas variegadas diferenças de forma, o facto de se erguerem sobre o chão da moderna sociedade burguesa, só que o desenvolvimento capitalista pode ser numa delas maior ou menor. Eles têm, por isso, também certos caracteres essenciais em comum. Neste sentido pode-se falar da "natureza do Estado atual" em oposição ao futuro em que a sua raiz de hoje, a sociedade burguesa, terá morrido. Pergunta-se, então: que transformação sofrerá a natureza do Estado numa sociedade comunista? Por outras palavras, que funções sociais restarão nela que sejam análogas às funções atuais do Estado? A esta pergunta só se pode responder cientificamente, e não é pela múltipla combinação da palavra povo com a palavra Estado que avançamos um palmo no problema»

Depois de ter ridicularizado desta maneira todo o palavreado acerca do «Estado popular», Marx coloca a questão e como que adverte que, para uma resposta científica a ela, só se pode operar com dados científicos solidamente estabelecidos. A primeira coisa estabelecida com plena precisão por toda a teoria do desenvolvimento, por toda a ciência em geral — e que esqueceram os utopistas, que esquecem os oportunistas de hoje que temem a revolução socialista — e a circunstância de que historicamente tem de haver, indubitavelmente, um estágio particular ou uma etapa particular de transição do capitalismo para o comunismo.

2. A Transição do Capitalismo para o Comunismo

> «... *Entre a sociedade capitalista e a comunista* — prossegue Marx — *fica o período da transformação revolucionária da primeira na segunda. Àquele corresponde também um período de transição política cujo Estado não pode ser outra coisa que não a ditadura revolucionária do proletariado...*»

Esta conclusão assenta, em Marx, na análise do papel que desempenha o proletariado na sociedade capitalista atual, nos dados sobre o desenvolvimento dessa sociedade e sobre o carácter inconciliável dos interesses opostos do proletariado e da burguesia. Dantes a questão colocava-se assim: para alcançar a sua libertação o proletariado deve derrubar a burguesia, conquistar o poder político, estabelecer a sua ditadura revolucionária.

Agora a questão coloca-se de maneira um pouco diferente: a transição da sociedade capitalista, que se desenvolve em direção ao comunismo, para a sociedade comunista, é impossível sem um «período de transição política», e o Estado deste período só pode ser a ditadura revolucionária do proletariado. Qual é, portanto, a relação desta ditadura com a democracia?

Vimos que o *Manifesto Comunista* coloca simplesmente um ao lado do outro dois conceitos: «passagem do proletariado a classe dominante» e «luta pela democracia». Na base de toda a exposição anterior pode-se determinar mais precisamente como se transforma a democracia na transição do capitalismo para o comunismo.

Na sociedade capitalista, nas condições do seu desenvolvimento mais favorável, temos um democratismo mais ou menos completo na república democrática. Mas este democratismo está sempre comprimido nos limites estreitos da exploração capitalista e, por isso, permanece sempre, em essência, um democratismo para a minoria, apenas para as classes possuidoras, apenas para os ricos. A liberdade da sociedade capitalista permanece sempre aproximadamente como era a liberdade nas repúblicas gregas antigas: liberdade para os escravistas. Os escravos assalariados atuais, devido às condições da exploração capitalista, permanecem tão esmagados pela necessidade e pela miséria que «não estão para democracias», «não estão para políticas», que, no curso habitual, pacífico, dos acontecimentos, a maioria da população está afastada da participação na vida político-social.

A justeza desta afirmação é talvez confirmada com a maior evidência pela Alemanha, precisamente porque foi neste país precisamente que a legalidade constitucional se manteve com uma duração e uma estabilidade espantosas durante cerca de meio século (1871-1914) e a social-democracia soube durante este período fazer muito mais do que noutros países para «utilizar a legalidade» e para organizar num partido político uma parte mais considerável dos operários do que em qualquer outra parte do mundo.

Qual é pois esta parte mais considerável observada na sociedade capitalista dos escravos assalariados politicamente conscientes e ativos? Um milhão de membros do partido social-democrata — em 15 milhões de operários assalariados! Três milhões organizados sindicalmente — em 15 milhões!

Democracia para uma insignificante minoria, democracia para os ricos, tal é o democratismo da sociedade capitalista. Se se observar de mais perto o mecanismo da democracia capitalista, veremos por todo o lado, tanto nos «pequenos» (pretensamente pequenos) pormenores do direito eleitoral (censo de residência, exclusão das mulheres, etc.) como na técnica das instituições representativas, como nos obstáculos efetivos ao direito de reunião (os edifícios públicos não são para os «miseráveis»!), como na organização puramente capitalista da imprensa diária, etc, etc — veremos restrições e mais restrições ao democratismo. Estas restrições, excepções, exclusões, obstáculos para os pobres parecem pequenos especialmente aos olhos dos que nunca passaram eles próprios pela necessidade nem nunca conheceram de perto as classes oprimidas na sua vida quotidiana (e é o caso de nove décimos, senão de noventa e nove centésimos dos publicistas e políticos burgueses) — mas, no conjunto, estas restrições excluem, eliminam os pobres da política, da participação ativa na democracia.

Marx apreendeu magnificamente esta essência da democracia capitalista ao dizer na sua análise da experiência da Comuna: autoriza-se os oprimidos a decidir uma vez de tantos em tantos anos qual precisamente dos representantes da classe opressora os representará e reprimirá no parlamento!

Mas partindo desta democracia capitalista — inevitavelmente estreita, que afasta dissimuladamente os pobres e, por isso, inteiramente hipócrita e enganadora — o desenvolvimento para a frente não leva simplesmente, diretamente e sem choques «a uma democracia cada vez maior», como apresentam as coisas os professores liberais e os oportunistas pequeno-burgueses. Não. O desenvolvimento para a frente, isto é, para o comunismo, faz-se através da ditadura do proletariado, e não se pode fazer de outra forma, porque não existe mais ninguém e nenhum caminho para quebrar a resistência dos capitalistas exploradores.

Mas a ditadura do proletariado, isto é, a organização da vanguarda dos oprimidos como classe dominante para a repressão dos opressores, não pode conduzir a um simples alargamento da democracia. Juntamente com uma imensa ampliação do democratismo, que se transforma pela primeira vez em democratismo para os pobres, em democratismo para o povo, e não em democratismo para os ricos, a ditadura do proletariado impõe uma série de excepções à liberdade em relação aos opressores, aos exploradores, aos capitalistas. Temos de os reprimir para libertar a humanidade da escravidão assalariada, é preciso quebrar a sua resistência pela força; é claro que, onde há repressão, há violência, não há liberdade, não há democracia.

Engels expressou isto admiravelmente na carta a Bebel ao dizer, como o leitor se recorda, que «o proletariado usa o Estado não no interesse da liberdade mas da repressão dos seus adversários, e quando for possível falar de liberdade não haverá Estado».

Democracia para a maioria gigantesca do povo e repressão pela força, isto é, exclusão da democracia, para os exploradores, para os opressores do povo — tal é a modificação da democracia na transição do capitalismo para o comunismo.

Só na sociedade comunista, quando a resistência dos capitalistas estiver definitivamente quebrada, quando os capitalistas tiverem desaparecido, quando não houver classes (isto é, não houver diferenças entre os membros da sociedade quanto à sua relação com os meios sociais de produção) — só então «o Estado desaparece e se pode falar de liberdade». Só então se tornará possível e será realizada uma democracia verdadeiramente plena, verdadeiramente sem nenhuma excepção. E só então a democracia começará a extinguir-se devido à simples circunstância de que, libertos da escravatura capitalista, dos inumeráveis horrores, das selvajarias, dos absurdos, das ignomínias da exploração capitalista, os homens habituar-se-ão gradualmente a observar as regras elementares da convivência conhecidas ao longo dos séculos e repetidas durante milénios em todas as prescrições, a observá-las sem violência, sem coação, sem subordinação, sem o aparelho especial de coação que se chama Estado.

A expressão «o Estado extingue-se» foi muito bem escolhida porque mostra tanto o carácter gradual do processo como a sua espontaneidade. Apenas o hábito pode exercer e indubitavelmente exerce tal efeito, porque observamos milhões de vezes à nossa volta a facilidade com que os homens se habituam a observar as regras de convivência que lhes são necessárias se não existe exploração, se não existe nada que suscite a indignação, que provoque o protesto e a revolta, que crie a necessidade da repressão.

Assim, pois, na sociedade capitalista temos uma democracia truncada, miserável, falsa, uma democracia apenas para os ricos, para a minoria. A ditadura do proletariado, período de transição para o comunismo, estabelecerá pela primeira vez uma democracia para o povo, para a maioria, paralelamente à necessária repressão da minoria, dos exploradores. Só o comunismo está em condições de dar uma democracia verdadeiramente plena, e quanto mais plena for mais depressa se tornara supérflua, se extinguirá por si própria.

Por outras palavras: temos no capitalismo o Estado no sentido próprio da palavra, uma máquina especial para a repressão de uma classe por outra, e, além disso, da maioria pela minoria. Compreende-se que, para o êxito de uma coisa como a repressão sistemática da maioria dos explorados pela minoria dos exploradores, é necessária uma crueldade, uma ferocidade extrema da repressão, são necessários mares de sangue através dos quais a humanidade segue o seu caminho nas condições da escravatura, da servidão do assalariado.

Em seguida, na transição do capitalismo para o comunismo, a repressão é ainda necessária, mas é já repressão da minoria dos exploradores pela maioria dos explorados. O aparelho especial, a máquina especial para a repressão, o «Estado», é ainda necessário, mas é já um Estado de transição, já não é um Estado no sentido próprio, porque a repressão da minoria dos exploradores pela maioria dos escravos assalariados de ontem é algo relativamente tão fácil, simples e natural que custará muito menos sangue do que a repressão das insurreições de escravos, de servos, de operários assalariados, que custará muito menos à humanidade. E é compatível com a extensão da democracia a uma maioria tão esmagadora da população que a necessidade de uma máquina especial para a repressão começa a desaparecer. Os exploradores, como é natural, não estão em condições de reprimir o povo sem uma máquina muito complicada para a execução desta tarefa, mas o povo pode reprimir os exploradores mesmo com uma «máquina» muito simples, quase sem «máquina», sem aparelho especial, pela simples organização das massas armadas (como os Sovietes de deputados operários e soldados — digamos, adiantando-nos).

Finalmente, só o comunismo torna o Estado completamente desnecessário, pois não há ninguém para reprimir, «ninguém» no sentido de uma classe, no sentido de uma luta sistemática contra uma parte determinada da população. Não somos utopistas e não negamos de maneira nenhuma a possibilidade e a inevitabilidade dos excessos de determinadas pessoas, e igualmente a necessidade de reprimir tais excessos. Mas, em primeiro lugar, para isto não é necessária uma máquina especial, um aparelho especial de repressão, isto fá-lo-á o próprio povo armado com a mesma simplicidade e facilidade com que qualquer multidão de homens civilizados, mesmo na sociedade atual, separa pessoas envolvidas numa briga ou não permite violência contra uma mulher. E, em segundo lugar, sabemos que a causa social fundamental dos excessos, que consistem na violação das regras da convivência, é a exploração das massas, a sua necessidade e miséria. Com a eliminação desta causa principal, os excessos começarão inevitavelmente a «extinguir-se». Não sabemos com que rapidez e gradação, mas sabemos que se extinguirão. Com a sua extinção, extinguir-se-á também o Estado.

Da destruição de um regime secular à criação de um novo regime

V. I. Lénin

8 de abril de 1920

O nosso jornal é consagrado ao trabalho comunista. Esta é uma questão importantíssima da construção do socialismo. E é preciso antes de mais nada tornar bem claro para nós que esta questão só pôde ser colocada praticamente depois da conquista do poder político pelo proletariado, só depois da expropriação dos latifundiários e dos capitalistas, só depois das vitórias decisivas que o proletariado, depois de ter conquistado o poder de Estado, alcançou sobre os exploradores, que organizaram uma resistência desesperada, insurreições contra-revolucionárias e a guerra civil.

No começo de 1918 parecia que tinha chegado este momento, e, efetivamente, chegou depois da campanha militar de Fevereiro (1918) do imperialismo alemão contra a Rússia. Mas esse momento chegou por um prazo tão curto, a nova e mais poderosa vaga de insurreições e de invasões contra-revolucionárias irrompeu tão rapidamente que o Poder Soviético não teve a possibilidade de se ocupar com a atenção e persistência devidas das questões da construção pacífica. Passámos agora dois anos de dificuldades inverosímeis, inauditas, de fome, de privações e de calamidades, e ao mesmo tempo de vitórias sem precedentes do Exército Vermelho sobre as hordas da reação capitalista internacional.

Temos agora sérias possibilidades de esperar obter uma paz mais estável, mais duradoira (se os capitalistas franceses não incitarem a Polónia para a guerra).

Ao fim de dois anos, contamos já com alguma experiência de construção na base do socialismo. Por isso podemos e devemos agarrar de perto a questão do trabalho comunista, aliás poderíamos dizer mais corretamente: não do trabalho comunista mas do socialista, pois se trata não do degrau superior, mas inferior, do grau inicial de desenvolvimento do novo regime social que nasceu do capitalismo.

O trabalho comunista, no sentido mais rigoroso e estrito da palavra, é um trabalho não remunerado em benefício da sociedade, um trabalho que é executado não para cumprir uma obrigação determinada, não para obter o direito a determinados produtos, não segundo normas antecipadamente estabelecidas e consignadas, mas um trabalho voluntário, fora das normas, fornecido sem ter em conta qualquer recompensa, sem condições sobre a recompensa, um trabalho por hábito de trabalhar para o bem geral e pela atitude consciente (transformada em hábito) perante a necessidade de trabalhar para o bem comum, um trabalho como exigência de um organismo são.

É claro para todos que nós, isto é, a nossa sociedade, o nosso regime social, estamos ainda longe, muito longe, da aplicação ampla, verdadeiramente maciça deste trabalho. Mas o fato de esta questão estar colocada, de ela estar colocada tanto por todo o proletariado avançado (o partido comunista e os sindicatos) como pelo poder de Estado, é já um passo em frente nesse caminho. Para chegar ao grande, é preciso começar pelo pequeno. E, por outro lado, depois do «grande», depois da transformação estatal que derrubou a propriedade dos capitalistas e entregou o poder ao proletariado, a construção da vida económica sobre a nova base só pode começar pelo pequeno.

Os sábados comunistas, os exércitos do trabalho, o trabalho obrigatório, eis a realização prática, sob diversas formas, do trabalho socialista e comunista. Nestas realizações há ainda uma quantidade de defeitos. Só pessoas totalmente incapazes de pensar, sem falar já dos defensores do capitalismo, podem limitar-se ao riso (ou à raiva) a propósito deles. Os defeitos, os erros, as falhas, são inevitáveis numa obra tão nova, tão difícil, tão grande. Quem receia as dificuldades da construção do socialismo, quem se deixa intimidar por elas, quem cai no desespero ou na confusão pusilânime, não é socialista. Criar uma nova disciplina do trabalho, criar novas formas de relações sociais entre os homens, criar formas e processos novos de fazer participar os homens no trabalho, é um trabalho de muitos anos e decénios. Este é o trabalho mais grato e mais fecundo. A nossa sorte está em que, tendo derrubado a burguesia e esmagado a resistência, pudemos conquistar um terreno sobre o qual esse trabalho tornou possível.

E nós lançar-nos-emos a este trabalho com toda a energia. A firmeza, a perseverança, a disposição, a decisão e a capacidade de experimentar centenas de vezes, de corrigir centenas de vezes e alcançar a todo o custo os objetivos, estas qualidades formou-as o proletariado nos 10, nos 15, nos 20 anos que precederam a Revolução de Outubro, formou-os no decurso de dois anos depois desta revolução, sofrendo privações, fome, ruína, calamidades inauditas. Estas qualidades do proletariado são a garantia de que o proletariado vencerá.

Sobre os fundamentos do Leninismo

J. V. Stálin

Maio de 1924

Capítulo IV – A ditadura do proletariado

Analisarei três questões fundamentais deste tema:

1. a ditadura do proletariado, instrumento da revolução proletária;
2. a ditadura do proletariado, domínio do proletariado sobre a burguesia;
3. o Poder dos Soviets, forma estatal da ditadura do proletariado.

1) A ditadura do proletariado, instrumento da revolução proletária.

A questão da ditadura proletária é, sobretudo, a questão do conteúdo essencial da revolução proletária. A revolução proletária, o seu movimento, a sua amplitude, as suas conquistas só tomam corpo através da ditadura do proletariado. A ditadura do proletariado é o instrumento da revolução proletária, o seu órgão, o seu ponto de apoio mais importante, criado com o, fim, em primeiro lugar, de esmagar a resistência dos exploradores derrubados e consolidar as conquistas da revolução e, em segundo lugar, de levar a termo a revolução proletária, levar a revolução até a vitória completa do socialismo. Vencer a burguesia e derrubar o seu Poder é coisa que a revolução também poderia fazer sem a ditadura do proletariado. Mas esmagar a resistência da burguesia, sustentar a vitória e continuar avançando até o triunfo definitivo do socialismo, a revolução já não o poderia fazê-lo, se não criasse, ao chegar a uma determinada fase do seu desenvolvimento, um órgão especial, a ditadura do proletariado, o seu apoio fundamental.

"A questão fundamental da revolução é a questão do Poder" (*Lênin*). Quer isso dizer que tudo se reduz à tomada do Poder, à conquista do Poder? Não. A tomada do Poder é apenas o começo da obra. A burguesia, derrocada em um país, continua a ser, por muito tempo, por várias razões, mais forte do que o proletariado que a derrubou. Por conseguinte, tudo reside em conservar o Poder, em consolidá-lo, em torná-lo invencível. Que é preciso para alcançar este objetivo? E preciso cumprir, pelo menos, três tarefas principais, que se apresentam à ditadura do proletariado, "um dia depois da vitória":

a) vencer a resistência dos latifundiários e dos capitalistas derrubados e expropriados pela revolução, esmagar as suas tentativas de toda espécie para restaurar o Poder do capital;
b) organizar a edificação de modo que todos os trabalhadores se agrupem em torno do proletariado e desenvolver esta obra com vistas a preparar a liquidação, a supressão das classes;
c) armar a revolução, organizar o exército da revolução para a luta contra os inimigos externos, para a luta contra o imperialismo.

A ditadura do proletariado é necessária para resolver, para cumprir estas tarefas. «A passagem do capitalismo ao comunismo

— disse Lênin — enche toda uma época histórica. Enquanto não chegar ao fim esta época, os exploradores abrigarão, inevitavelmente, a esperança de uma restauração, e esta esperança se traduz em tentativas de restauração. Também depois da primeira derrota séria, os exploradores derrubados, que não esperavam sua queda, que não acreditavam na sua derrubada, que nem sequer admitiam a sua possibilidade, se lançam à batalha, com energia decuplicada, com furiosa paixão, com ódio cem vezes mais intenso, para reconquistar o «paraíso» perdido para as suas famílias, que viviam uma vida tão doce e que a «canalha popular» agora condena à ruína e à miséria (ou a um trabalho «vil»...). E atrás dos capitalistas exploradores se arrasta a grande massa da pequena burguesia que, como demonstram decênios de experiência histórica em todo os países, oscila e hesita, hoje acompanha o proletariado, amanhã se assusta ante as dificuldades da revolução, deixa-se tomar de pânico à primeira derrota ou semi-derrota dos operários, cai presa do nervosismo, se agita, choraminga, passa-se de um campo a outro». E a burguesia tem as suas razões para fazer tentativas de restauração, porque, depois da sua derrubada, continua, ainda por muito tempo, mais forte do que o proletariado que a derrubou. «Se os exploradores – disse Lênin — são derrotados apenas num país, e esta é naturalmente a regra, porque uma revolução simultânea em vários países constitui rara exceção, continuarão, não obstante, mais fortes, do que os explorados».

Em que consiste a força da burguesia derrubada? Em primeiro lugar, na força do capital internacional, na força e na solidez dos vínculos internacionais da burguesia. Em segundo lugar, no fato de que «ainda por longo tempo depois da revolução os exploradores conservam, inevitavelmente, uma série de enormes vantagens reais: restam-lhes o dinheiro (que não se pode suprimir imediatamente) e uma certa quantidade de bens móveis, com frequência valiosos; restam-lhes as relações, a prática de organização e administração, o conhecimento de todos os «segredos» da administração (hábitos, procedimentos, meios, possibilidades); restam-lhes uma instrução mais elevada e a sua intimidade com o alto pessoal técnico (que vive e pensa como a burguesia), resta-lhes uma experiência infinitamente superior da arte militar (o que é muito importante), etc. Em terceiro lugar, na força do hábito, na força da pequena produção; porque, por infelicidade, a pequena produção ainda existe em grande, em enorme medida, e a pequena produção gera o capitalismo e a burguesia, diariamente, de hora em hora, de modo espontâneo e em massa»... porque «suprimir as classes não significa apenas expulsar os latifundiários e os capitalistas — isto nós o fizemos com relativa facilidade — mas quer dizer eliminar os pequenos produtores de mercadorias, aos quais é impossível expulsar, é impossível esmagar; com este é preciso conviver, e só podem (e devem) ser transformados, reeducados, mediante um trabalho de organização muito longo, muito lento e prudente. Eis porque disse Lênin:

> «A ditadura do proletariado é a guerra mais heroica e mais implacável da classe nova contra um inimigo mais poderoso, contra a burguesia, cuja resistência é decuplicada em virtude da sua derrubada; a ditadura do proletariado é uma luta tenaz, cruenta e incruenta, violenta e pacífica, militar e econômica, pedagógica e administrativa, contra as forças e as tradições da velha sociedade».

Não é necessário demonstrar que o cumprimento dessas tarefas em prazo curto, que realizar tudo isso em alguns anos, é coisa absolutamente impossível. Por isso, é necessário considerar a ditadura do proletariado, a passagem do capitalismo ao comunismo, não como um período curto de atos e decretos "ultra-revolucionários", mas como toda uma época histórica, cheia de guerras civis e de conflitos externos, de tenaz trabalho organizativo e de edificação econômica, de avanços e recuos, de vitórias e derrotas. Esta época histórica é necessária não somente para criar as premissas econômicas e culturais da vitória completa do socialismo, mas também para dar ao proletariado a possibilidade, em primeiro lugar, de educar-se e temperar-se como força capaz de dirigir o país e, em segundo lugar, de reeducar e transformar as camadas pequeno-burguesas de modo a assegurar a organização da produção socialista.

«Tendes de passar — dizia Marx aos operários — por quinze, vinte, cinquenta anos de guerras civis e de batalhas internacionais, não só para transformar as relações existentes mas também para vos transformardes a vós mesmos e vos tornardes aptos ao domínio político». Continuando e desenvolvendo o pensamento *de* Marx, escreve Lênin: «durante a ditadura do proletariado... é necessário reeducar milhões de camponeses e de pequenos proprietários, centenas de milhares de empregados, de funcionários, de intelectuais burgueses, subordiná-los todos ao Estado proletário e à direção proletária, vencer os seus hábitos e tradições burgueses», assim como será necessário «... reeducar, no curso de uma luta prolongada, sobre a base da ditadura do proletariado, os próprios proletários, que não se desvencilharão dos seus preconceitos pequeno-burgueses de golpe, por milagre, por obra e graça do espírito-santo ou por efeito mágico de uma palavra de ordem, de uma resolução, de um decreto, mas somente no curso de uma luta de massas, prolongada e difícil, contra as influências pequeno-burguesas entre as massas».

2) A ditadura do proletariado, domínio do proletariado sobre a burguesia.

Do que ficou dito já se depreende que a ditadura do proletariado não é uma simples mudança de homens no governo, uma mudança de "gabinete", etc., que deixe intacta a velha ordem econômica e política. Os mencheviques e os oportunistas de todos os países, que temem a ditadura como ao fogo e que, por medo, substituem o conceito de ditadura pelo conceito de "tomada do Poder", costumam reduzir a "tomada do Poder" a uma mudança de "gabinete", a subida ao Poder de um novo ministério, composto de homens do tipo de Scheidemann e Noske, Mac Donald e Henderson. Não é necessário explicar que estas mudanças de gabinete e outras semelhantes não têm nada a ver com a ditadura do proletariado, com a conquista do verdadeiro proletariado. Quando os Mac Donald e os Scheidemann estão no Poder, deixando intacta a velha ordem burguesa, os seus governos — chamemo-los assim — não podem representar senão um aparelho a serviço da burguesia, um véu sobre as chagas do imperialismo, um instrumento da burguesia contra o movimento revolucionário das massas oprimidas e exploradas. Tais governos são necessários ao capital, como um biombo, quando lhe é inconveniente, desvantajoso, difícil explorar e oprimir as massas sem um disfarce. Naturalmente, a aparição de tais governos é um sintoma de que "entre eles" (isto é, entre os capitalistas), "em Tchipka", não reina a tranquilidade, mas, não obstante, os governos desse tipo não deixarão de ser, por mais disfarçados que se apresentem, governos do capital. Do governo de Mac Donald ou de Scheidemann à conquista do Poder pelo proletariado vai uma distância como da terra ao céu. A ditadura do proletariado não é uma mudança de governo, mas um novo Estado, com novos órgãos do Poder do centro à base, é o Estado do proletariado, saído das ruínas do velho Estado, do Estado da burguesia.

A ditadura do proletariado surge não sobre a base da ordem burguesa, mas no processo da sua demolição, depois da derrubada da burguesia, no curso da expropriação dos latifundiários e dos capitalistas, no curso da socialização dos meios e dos instrumentos essenciais de produção, no curso da revolução violenta do proletariado. A ditadura do proletariado é um Poder revolucionário que se apoia na violência contra a burguesia.

O Estado é uma máquina nas mãos da classe dominante para esmagar a resistência dos seus inimigos de classe. *Sob este aspecto*, a ditadura do proletariado realmente não se distingue, em essência, da ditadura de qualquer outra classe, porque o Estado proletário é uma máquina para esmagar a burguesia. Há, porém, uma diferença *essencial*. Consiste esta diferença no fato de que todos os Estados de classe existentes até hoje eram a ditadura de uma minoria exploradora sobre a maioria explorada, enquanto a ditadura do proletariado é a ditadura da maioria explorada sobre a minoria exploradora. Era poucas palavras: "*a ditadura do proletariado é o Poder do proletariado sobre a burguesia, Poder não limitado por lei e baseado na violência e que goza da simpatia e do apoio das massas trabalhadoras e exploradas*". (Lênin, "*O Estado e a Revolução*"). Daí se depreendem duas conclusões fundamentais.

Primeira conclusão: A ditadura do proletariado não pode ser uma democracia "integral", uma democracia para *todos*, para os ricos e para os pobres; a ditadura do proletariado "deve ser um Estado democrático de *modo novo* (*para* os proletários e os não proprietários em geral) e ditatorial *de modo novo* (*contra* a burguesia)". Os discursos de Kautsky e cia. sobre a igualdade universal, sobre a democracia "pura", sobre a democracia "perfeita", etc.. são uma cobertura burguesa do fato incontestável de que é impossível a igualdade entre explorados e exploradores. A teoria da democracia "pura" é a teoria da aristocracia operária domesticada e mantida pelos bandidos imperialistas. Foi criada para encobrir as chagas do capitalismo, para embelezar o imperialismo e dar-lhe força moral na luta contra as massas exploradas. Sob o capitalismo não existe nem podem existir "liberdades" verdadeiras para os explorados, além de outras razões pelo fato de que os locais, as oficinas gráficas, os depósitos de papel, etc., necessários para o exercício das "liberdades", constituem um privilégio dos exploradores. Sob o regime capitalista, não há nem pode haver uma efetiva participação das massas exploradas na direção do país, entre outros fatos, porque, sob o capitalismo, mesmo no regime mais democrático, os governos não são formados pelo povo, mas pelos Rotschild e os Stinnes, pelos Rockefeller e os Morgan. A democracia, no regime capitalista, é uma democracia *capitalista*, é a democracia da minoria exploradora, baseada na limitação dos direitos da maioria explorada e voltada contra esta maioria. Somente sob a ditadura do proletariado se tornam possíveis as verdadeiras liberdades para os explorados e uma verdadeira participação dos proletários e dos camponeses no governo do país. A democracia, sob a ditadura do *proletariado, é* uma democracia proletária, é a democracia da maioria explorada, baseada na limitação dos direitos da minoria exploradora e voltada contra esta minoria.

Segunda conclusão: A ditadura do proletariado não pode surgir como resultado de um desenvolvimento pacífico da sociedade burguesa e da democracia burguesa; ela só pode surgir como resultado da demolição da máquina estatal burguesa, do exército burguês, do aparelho administrativo burguês, da polícia burguesa. «A classe operária não pode tomar posse pura e simplesmente de uma máquina estatal já pronta e pô-la em marcha para os seus próprios fins», escrevem Marx e Engels no prefácio do «Manifesto do Partido Comunista. A revolução não deve consistir na... «passagem de umas mãos para outras da máquina militar e burocrática, como ocorreu até agora, mas na sua destruição... tal é a condição preliminar de toda verdadeira revolução popular no continente», disse Marx na sua carta a Kugelmann, em 1871.

A ressalva de Marx relativa ao continente forneceu aos oportunistas e aos mencheviques de todos os países um pretexto para gritar que Marx admitia, por isso, a possibilidade da transformação pacífica da democracia burguesa em democracia proletária, pelo menos em alguns países que não fazem parte do continente europeu (a Inglaterra, os Estados Unidos). Efetivamente, Marx admitia esta possibilidade, e tinha razões para isso, no caso da Inglaterra e dos Estados Unidos da década de 70 do século passado, quando ainda não existia o capitalismo monopolista, quando não existia o imperialismo nem existiam ainda, naqueles países, em virtude das condições especiais do seu desenvolvimento, nem uma burocracia nem um militarismo desenvolvidos. Assim estavam as coisas antes do aparecimento de um imperialismo desenvolvido. Mas em seguida, trinta ou quarenta anos depois, quando a situação nesses países mudou radicalmente, quando o imperialismo se desenvolveu e abarcou todos os países capitalistas, sem exceção, quando o militarismo e a burocracia fizeram a sua aparição também na Inglaterra e nos Estados Unidos, quando desapareceram as condições particulares que permitiam uma evolução pacífica da Inglaterra e dos Estados Unidos, deixou de existir por si mesma a ressalva feita a respeito desses países.

«Atualmente, em 1917, na época da primeira grande guerra imperialista — disse Lênin — esta ressalva feita por Marx perdeu a razão de ser. A Inglaterra e os Estados Unidos que eram — em todo o mundo — os maiores e últimos representantes da «liberdade» anglo-saxônica no sentido da ausência de militarismo e de burocracia, se precipitaram inteiramente no imundo e sangrento pântano, comum a Europa, das instituições militares e burocráticas que tudo submetem e esmagam. Agora, na Inglaterra e nos Estados Unidos, a «condição prévia de toda revolução verdadeiramente popular» é a demolição, a destruição da «máquina estatal existente» (levada, nestes países, de 1914 a 1917, a uma perfeição «europeia», imperialista)». (Vide vol. XXI, pág. 395).

Noutros termos, a lei da revolução violenta do proletariado, a lei da demolição da máquina estatal da burguesia como condição prévia desta revolução, é a lei inelutável do movimento revolucionário dos países imperialistas de todo o mundo. Claro está que, em futuro remoto, se o proletariado triunfar nos principais países capitalistas e se o atual cerco capitalista for substituído por um cerco socialista, será de todo possível uma trajetória "pacífica" de desenvolvimento para alguns países capitalistas, onde os capitalistas, diante de uma situação internacional "desfavorável", julgarem conveniente fazer "voluntariamente" concessões importantes ao proletariado. Mas esta hipótese se refere apenas a um futuro distante e provável. Quanto ao futuro próximo, esta hipótese não tem nenhum fundamento, absolutamente nenhum. Por isso, tem razão Lênin quando diz: «A revolução proletária é impossível sem a destruição violenta da máquina estatal burguesa e a sua substituição por uma nova».

3) O Poder Soviético, forma estatal da ditadura do proletariado.

A vitória da ditadura do proletariado significa o esmagamento da burguesia, a demolição da máquina estatal burguesa, a substituição da democracia burguesa pela democracia proletária. Isto é claro. Mas, por meio de que organizações se pode levar a cabo esta gigantesca obra? É indubitável que as velhas formas de organização do proletariado, surgidas sobre a base do parlamentarismo burguês, não são suficientes. Quais são, pois, as novas formas de organização do proletariado, capazes de desempenhar o papel de coveiros da máquina estatal burguesa, capazes não somente de demolir esta máquina e não só de substituir a democracia burguesa pela democracia proletária, mas também de constituir a base do Poder estatal proletário?

Esta nova forma de organização do proletariado são os Soviets. Em que consiste a força dos Soviets em relação às velhas formas de organização? No fato de que os Soviets são as mais *amplas* organizações de massas do proletariado, pois eles e somente eles abrangem todos os operários, sem exceção. No fato de que os Soviets são as *únicas* organizações de massas que abrangem todos os oprimidos e explorados, operários e camponeses, soldados e marinheiros e nas quais, por isso, a direção política da luta das massas por parte da sua vanguarda, por parte do proletariado, se pode exercer mais facilmente e de modo mais completo. No fato de que os Soviets são *os órgãos mais poderosos* da luta revolucionária das massas, dos movimentos políticos das massas, da insurreição das massas, dos órgãos capazes de destruir a onipotência do capital financeiro e dos seus satélites políticos. No fato de que os Soviets são organizações *diretas* das próprias massas, isto é, *as mais democráticas*, e, por conseguinte as que têm a maior autoridade entre as massas, as que facilitam ao máximo a participação das massas na organização e no governo do novo Estado, as que desenvolvem ao máximo a energia revolucionária, a iniciativa, a capacidade criadora das massas na luta pela destruição do velho regime, na luta por um regime novo, proletário. O Poder Soviético é a unificação e a integração dos Soviets locais numa só organização estatal geral, numa organização estatal do proletariado como vanguarda das massas exploradas e oprimidas e como classe dominante, é a sua unificação na República dos Soviets. A essência do Poder Soviético consiste no fato de que as organizações mais vastas e mais revolucionárias, próprias das classes que eram oprimidas pelos capitalistas e pelos latifundiários, são agora "a base *permanente e única* de todo o Poder estatal, de todo o aparelho do listado; de que "precisamente as massas que, mesmo nas repúblicas burguesas mais democráticas", embora sendo iguais perante a lei, "vivem de fato excluídas, por mil expedientes e subterfúgios, da participação na vida política e do gozo dos direitos e das liberdades democráticas, são chamadas a participar de modo *permanente* e seguro e, além disso, de modo *decisivo* na direção democrática do Estado". (Vide *Lênin*)

Por isso, o Poder Soviético é uma *forma nova* de organização estatal, que se distingue por princípio da velha forma democrático-burguês a e parlamentar, é um *tipo novo* de Estado, adaptado não aos fins da exploração e da opressão das massas trabalhadoras, mas aos fins da sua completa libertação de toda opressão e exploração, aos fins da ditadura do proletariado. Lênin tem razão quando diz que, com o advento do Poder Soviético, "a época do parlamentarismo democrático burguês chegou ao fim, começou um novo capítulo da história mundial: a época da ditadura proletária".

Em que consistem os traços característicos do Poder Soviético? No fato de que o Poder Soviético é, entre todas as organizações estatais possíveis enquanto existem as classes, a que tem o mais destacado caráter de massas, a mais democrática, porque, sendo a arena da aliança e da colaboração dos operários e dos camponeses explorados na sua luta contra os exploradores e apoiando-se, para realizar a sua obra, nesta obra, nesta aliança e nesta colaboração, é, por isso mesmo, o Poder da maioria da população sobre a minoria, o Estado desta maioria, expressão da sua ditadura.

No fato de que o Poder Soviético é, numa sociedade dividida em classes, a mais internacionalista entre todas as organizações estatais, destruindo toda opressão nacional e apoiando-se na colaboração das massas trabalhadoras das diversas nacionalidades, facilita, por isso mesmo, a unificação destas massas numa única união estatal. No fato de que o Poder Soviético, pela sua própria estrutura, facilita a direção das massas oprimidas e exploradas por parte da vanguarda destas massas, por parte do proletariado, que é o núcleo mais coeso e mais consciente dos Soviets. No fato de que o Poder Soviético, reunindo o Poder Legislativo e o Poder Executivo numa só organização estatal e substituindo as circunscrições eleitorais de base territorial pelas unidades de produção — as fábricas e as oficinas — liga de maneira direta os operários e as massas trabalhadoras em geral aos aparelhos administrativos do Estado, ensinando-lhes governar o país. No fato de que somente o Poder Soviético pode libertar o exército da submissão ao comando burguês e transformá-lo de instrumento da opressão do povo, como ocorre no regime burguês, em instrumento de libertação do povo do jugo da burguesia nacional e estrangeira. No fato de que "só a organização soviética do Estado está em condições de destruir realmente, de um golpe, e de destruir definitivamente o velho aparelho, isto é, o aparelho administrativo e judiciário burguês", como dizia Lênin. No fato de que somente a forma soviética de Estado fazendo com que as organizações de massas dos trabalhadores e dos explorados participem, de modo contínuo e incondicional, do governo do Estado, está em condições de preparar a extinção do Estado, o que é um dos elementos essenciais da futura sociedade sem Estado, a sociedade comunista.

A República dos Soviets é, portanto, a forma política procurada, e finalmente descoberta, em cujo quadro se deve levar a termo a emancipação econômica do proletariado, se deve obter a vitória completa sobre o capitalismo. A Comuna de Paris foi o embrião desta forma. O Poder Soviético é o seu desenvolvimento e o seu coroamento. Eis porque diz Lênin: «A República dos Soviets de Deputados Operários, Soldados e Camponeses não é somente uma forma de instituição democrática de tipo mais elevado..., mas também a única forma capaz de assegurar a passagem ao socialismo do modo menos doloroso».

Sobre a ditadura da democracia popular

Mao Tse-Tung

1949

Mao Tsé-Tung, ou Mao Zedong (1893-1976), filho de pais camponeses, estudou na Escola Normal de Hunan e iniciou os estudos universitários em Pequim. Com a idade de 27 anos participou, junto com Chen Duxiu e Li Dazhao, na fundação do Partido Comunista Chinês em Xangai, em 1921. Dois anos após, foi eleito para o Comitê Central. Em 1927, com a chegada de Chiang Kai-shek ao poder, os comunistas são perseguidos e Mao refugia-se nas montanhas Jinggang, iniciando um movimento guerrilheiro que durou 22 anos. Em outubro de 1934, iniciou com 130 mil homens a retirada em direção ao noroeste da China, um percurso de 12 mil km. Tal feito ficou conhecido como "A Grande Marcha". Em 1937 o Japão iniciou uma guerra de agressão contra a China, o que deu motivo para o Partido Comunista Chinês unir-se com as chamadas forças nacionalistas do Kuomintang. Após a derrota dos japoneses, a guerra civil reinicia-se tendo ao final os comunistas derrotado Chiang Kai Shek, que fugiu para Taiwan. Em outubro de 1949, a República Popular da China é instalada. Mao ocupou a Presidência da República Popular da China até 1959. Permanecendo como Presidente do Partido Comunista, em maio de 1966, iniciou a Revolução Cultural, e no final de vida inicia a transição para as políticas de reformas lideradas por Deng Xiaoping.

A 1º de julho de 1949, o Partido Comunista da China completa 28 anos. Da mesma forma que o ser humano, os partidos passam pela infância, adolescência, maturidade e senilidade. O Partido Comunista da China já não é um menino, nem tão pouco um jovem menor de 20 anos. Alcançou a maturidade. Quando o homem chega à velhice, morre. O mesmo acontece com o Partido. Quando tiverem desaparecido as classes, os instrumentos da luta de classes — os partidos políticos e o aparelho estatal — perderão, por causa disso, sua razão de ser, deixarão de ser necessários e desaparecerão gradualmente, depois de cumprir sua missão histórica. O desenvolvimento da humanidade terá então atingido um grau superior.

Nosso Partido se diferencia radicalmente dos partidos políticos da burguesia. Estes, temem falar do desaparecimento das classes, do poder estatal e dos partidos. Mas nós declaramos abertamente que travamos uma luta pertinaz exatamente para criar condições para a liquidação de todos esses fatores. O Partido Comunista e o poder estatal da ditadura popular criam, precisamente, essas condições. Quem não admite essa verdade não é comunista. É possível que jovens camaradas, que ingressaram no Partido há pouco tempo e não leram os fundamentos do marxismo-leninismo, não compreendam essa verdade. Devem compreende-la para adquirir uma acertada concepção do mundo. Devem compreender que toda a humanidade percorrerá o caminho do desaparecimento das classes, do poder estatal e dos partidos; isto é apenas questão de tempo e de condições. Em todo o mundo os comunistas são homens mais desenvolvidos que a burguesia. Compreendem as leis do surgimento e desenvolvimento dos fenômenos. Compreendem a dialética e vêem longe à sua frente. Esta verdade não agrada à burguesia, já que não quer ser derrubada pelo povo. Para ela é duro e doloroso pensar que pode ser derrubada, como nós estamos derrubando os reacionários do Kuomintang e como, há pouco tempo, derrubamos o imperialismo japonês em cooperação com os povos de vários países. Para a classe operária, o povo trabalhador e os comunistas, não existe o problema de serem derrubados. O problema que se coloca para eles é o de realizar um árduo trabalho no sentido de criar as condições para o desaparecimento e natural das classes, do poder estatal e dos partidos políticos, a fim de que a humanidade entre no caminho do comunismo no mundo inteiro.

A Arma do Marxismo-Leninismo

REFERIMO-NOS aqui às perspectivas do desenvolvimento da humanidade para elucidar as seguintes questões. Nosso Partido completou 28 anos. Todo mundo sabe que esses anos não transcorreram pacificamente, mas em meio a dificuldades. Tivemos de lutar contra os inimigos de dentro e de fora do país, dentro do Partido e fora dele. Agradecemos a Marx, Engels, Lênin e Stálin que nos deram uma arma. Essa arma não é a metralhadora, mas o marxismo-leninismo. Em seu livro "A doença infantil do "esquerdismo" no comunismo", escrito em 1920, Lênin fala de como os russos buscavam a teoria revolucionária. Depois de vários decênios de dificuldades e provações chegaram, finalmente, ao marxismo. A China tem vários pontos comuns e parecidos com a Rússia de antes da Revolução. Em ambas imperava o mesmo jugo feudal. Os dois países eram atrasados do ponto de vista econômico e cultural, sendo a China ainda mais atrasada do que a Rússia. Os homens progressistas travavam uma luta difícil procurando a verdade revolucionária para realizar o ressurgimento nacional; era um traço comum aos dois países.

Em 1840, quando a China perdeu a guerra do ópio, os chineses avançados passaram por inúmeras dificuldades procurando a verdade nos países ocidentais. Hun Siui-Tchuan, Kan-Iu-Vei, Ian-Fu e Sun Yat Sen representavam o grupo de homens que se esforçavam por encontrar a verdade no Ocidente, quando ainda não havia nascido o Partido Comunista da

China. Então, os chineses que desejavam o progresso, liam todos os livros das novas doutrinas ocidentais. Era muito grande o número de pessoas que iam estudar no Japão, na Inglaterra, nos Estados Unidos, na França e na Alemanha. Tudo se fez para aprender com o Ocidente. Foi abolido o velho sistema de exames para ocupar postos no aparelho estatal e aumentou-se o número de escolas. Durante a minha juventude, também estudei essas coisas. Era a cultura da democracia burguesa do Ocidente, também chamada de nova escola, e compreendia as doutrinas da sociologia e das ciências naturais desta época, opondo-se à cultura do feudalismo chinês, chamada de velha escola.

Durante muito tempo, os homens que adquiriram os novos conhecimentos, acreditavam firmemente que a nova escola salvaria a China. Com exceção dos representantes da velha escola, pouquíssimos representantes da nova escola tinham dúvidas a esse respeito. Na sua opinião, o único meio de salvar o país era realizar reformas, para o que necessitavam aprender com as potências estrangeiras. Naquela época, as únicas potências estrangeiras progressistas eram os países capitalistas ocidentais. Esses países haviam criado um Estado burguês moderno. Os japoneses conseguiram bons resultados aprendendo com o ocidente, e os chineses queriam agora aprender com os japoneses. Para os chineses, a Rússia era nesta época um país atrasado e muito poucos queriam aprender com ela. Foi assim que os chineses aprenderam com os Estados estrangeiros, entre 1840 e começos do século XX. A agressão imperialista destruiu o sonho dos chineses de aprender com o Ocidente.

Não é realmente estranho que os mestres vivessem invadindo a casa dos alunos? Os chineses haviam aprendido muito com o Ocidente, mas nada do que aprenderam podia ser posto em prática. Seus ideais não puderam ser realizados. Muitas vezes a luta terminava em derrota, inclusive o movimento nacional que foi a revolução de 1911. A situação do país piorava dia a dia, até que a vida se tornou impossível para o povo. Surgiram dúvidas, que foram ganhando corpo.

A Luz da Revolução de Outubro

A primeira guerra mundial abalou todo o mundo. Os russos fizeram a Revolução de Outubro, criando o primeiro Estado socialista do mundo. Sob a direção de Lênin e Stálin, a energia revolucionária do grande proletariado russo e do povo trabalhador, até então oculta e invisível para os estrangeiros, irrompeu subitamente, como um vulcão. Toda a humanidade, inclusive os chineses, reagiu de modo diferente em relação aos russos. Foi então, e somente então, que os chineses que trabalhavam na esfera da ideologia entraram numa era completamente nova. Os chineses, por eles mesmos, encontraram a verdade universal do marxismo-leninismo, aplicável em todos os lugares, e o aspecto da China começou a se modificar. Os chineses ficaram conhecendo o marxismo quando ele foi aplicado pelos russos. Antes da Revolução de Outubro, os chineses não conheciam Lênin e Stálin, nem tão pouco Marx e Engels. As salvas da Revolução de Outubro trouxeram-nos o marxismo-leninismo. A Revolução de Outubro ajudou os elementos progressistas do mundo e da China a aplicar a doutrina proletária para determinar os destinos do país e fazer a revisão de seus próprios problemas. Seguir o caminho dos russos; esta foi a conclusão.

Em 1919 a China presenciou o movimento do "4 de Maio", e, em 1921, foi fundado o Partido Comunista da China. Quando Sun Yat Sen já havia perdido todas as esperanças é que se realizou a Revolução de Outubro e foi criado o Partido Comunista da China. Sun Yat Sen saudou a Revolução de Outubro, saudou a ajuda dos russos aos chineses e colaboração do Partido Comunista da China com ele. Sun Yat Sen morreu e Chiang Kai Shek chegou ao poder. Em 20 anos, Chiang Kai Shek submergiu a China numa situação de desesperada miséria. Durante esse tempo ocorreu a segunda guerra mundial antifascista, na qual a União Soviética atuou como força principal, foram derrotadas três grandes potências imperialistas, duas outras foram debilitadas e apenas um país imperialista no mundo, os Estados Unidos não sofreu perdas. Entretanto, a crise interna nos Estados Unidos tem um caráter muito sério. Os Estados Unidos querem escravizar o mundo. Ajudaram a Chiang Kai Shek, armando-o para que exterminasse vários milhões de chineses.

Sob a direção do Partido Comunista, e depois de expulsar os imperialistas japoneses, o povo chinês travou durante três anos uma guerra de libertação nacional e obteve uma grande vitória. Assim, a civilização da burguesia ocidental, a democracia burguesa e a república burguesa fracassaram aos olhos do povo chinês. A democracia burguesa cedeu seu lugar à democracia popular, dirigida pela classe operária, e a república burguesa cedeu seu lugar à república popular. Torna-se assim possível alcançar o socialismo e o comunismo através da república popular, torna-se possível liquidar as classes e chegar ao comunismo mundial. Kan Iu Vei escreveu um livro sobre o comunismo mundial, sem todavia descobrir o caminho que leva a ele. A república burguesa existia nos Estados estrangeiros, mas não podia existir na China, porque a China era um país oprimido pelos imperialistas. O único caminho de suprimir as classes, de chegar ao comunismo mundial, passa pela república popular, dirigida pela classe operária. Todos os outros meios já foram experimentados e todos fracassaram. Os que adotaram outras doutrinas ou foram derrotados, ou reconheceram seus erros, ou mudaram de convicções. Os acontecimentos se desenvolveram com tal rapidez que muita gente acha que a mudança foi brusca e que precisam reaprender as coisas. Esse estado de espírito é compreensível. Aplaudimos esse afã de estudar de novo. A vanguarda do proletariado chinês estudou o marxismo-leninismo depois da Revolução de Outubro e fundou o Partido Comunista da China. Entrou então na luta política e durante 28 anos percorreu caminhos sinuosos antes de alcançar a vitória.

Partindo da experiência de 28 anos, podemos chegar à mesma conclusão a que Sun Yat Sen se referia em seu testamento e tirada da "experiência de quarenta anos": "É preciso acreditar firmemente que, para conseguir a vitória, devemos despertar as massas do povo e unirmo-nos, na luta comum, aos povos do mundo que nos consideram uma nação igual em direitos". Sun Yat Sen professava uma concepção do mundo diferente da nossa e se colocava em outro ponto de vista de classe ao examinar e resolver os problemas, mas, no que se refere à luta contra o imperialismo no século XX, chegou a uma conclusão que corresponde, no fundamental, às nossas.

Estamos do Lado do Socialismo

Transcorreram 24 anos da morte de Sun Yat Sen e, sob a direção do Partido Comunista da China, a teoria e a prática revolucionárias chinesas deram um gigantesco passo à frente que mudou radicalmente a fisionomia da China. Atualmente, o povo chinês tomou consciência de duas coisas fundamentais:

1. — Da necessidade de despertar as massas populares do país. Isto significa a união da classe operária, do campesinato, da pequena burguesia e da burguesia nacional numa frente única, dirigida pela classe operária e a criação do Estado da ditadura da democracia popular, dirigido pela classe operária e baseado na aliança dos operários e camponeses.
2. — Da necessidade de unir-se, na luta comum, com os países do mundo que nos tratam em pé de igualdade e com os povos de todos os Países. Isto significa aliança com a URSS, aliança com os países de democracia popular da Europa e aliança com o proletariado e as massas populares dos demais países, para formar uma frente única internacional.

Dizem-nos: "Vocês se inclinam para um dos lados". É verdade. Os quarenta anos de experiência de Sun Yat Sen e os 28 anos de experiência do Partido Comunista nos convenceram firmemente de que, para conseguir e consolidar a vitória, devemos pender para um dos lados. É impossível ficar entre os dois — não existe terceiro caminho. Combatemos a camarilha reacionária de Chiang Kai Shek, que se inclina para o lado do imperialismo; igualmente, somos contra a ilusão de um terceiro caminho. No mundo inteiro, e não só na China, está-se necessariamente ou do lado do imperialismo ou do lado do socialismo. A neutralidade é uma camuflagem e não existe terceiro caminho.

Dizem-nos: "A conduta de vocês é provocadora em excesso". Sim, trata-se da conduta que seguimos em relação aos reacionários chineses e estrangeiros, isto é, os imperialistas e seus cães de fila, e não em relação aos outros homens. Quanto aos reacionários estrangeiros e chineses não se coloca a questão de atitude provocadora, uma vez que se trata de reacionários. Só traçando uma linha de demarcação entre reacionários e revolucionários, denunciando os objetivos e as conspirações dos reacionários, mantendo a vigilância nas fileiras revolucionárias e elevando nossa própria moral é que poderemos isolar, subjugar e esmagar os reacionários. Limitamo-nos a ser contra os reacionários nacionais e estrangeiros que nos impedem de ter atividade comercial, mas não somos contra mais ninguém.

Democracia Para o Povo e Ditadura Para a Reação

DIZEM-NOS: "Vocês instauram a ditadura". Sim, caros senhores, tendes razão. Com efeito, instauramos a ditadura. A experiência acumulada pelo povo chinês durante vários decênios nos fala da necessidade de instaurar a ditadura da democracia popular. Isto quer dizer que os reacionários devem ser privados do direito de expressar sua opinião e que só o povo tem o direito de voto, o direito de manifestar sua opinião. Quem é o "povo"? Na etapa atual o povo da China é integrado pela classe operária, a classe camponesa, a pequena burguesia e a burguesia nacional.

Sob a direção da classe operária e do Partido Comunista, estas classes se uniram para formar seu próprio Estado e escolher seu próprio governo, a fim de instaurar a ditadura sobre os lacaios do imperialismo — a classe dos latifundiários e o capital burocrático —, a fim de esmagá-los e só tolerar sua atuação dentro de certos limites, a fim de não permitir que passem desse limite, nem em palavras, nem em atos. Se em suas palavras e em seus atos tentarem passar desse limite, isso lhes será proibido e serão imediatamente castigados. O sistema democrático deve ser aplicado entre o povo, dando a este a liberdade de palavra, de reunião e de organização. O direito de voto é concedido unicamente ao povo, e não aos reacionários. Estes dois aspectos, de democracia para o povo e de ditadura para os reacionários, é que constituem em si a ditadura da democracia popular. Por que deve ser precisamente assim? É bastante claro que se não fosse assim, a revolução seria derrotada, a desgraça cairia sobre o povo e o Estado acabaria por sucumbir.

Dizem-nos: "Então vocês não querem destruir o poder estatal?". Sim, queremos, mas não imediatamente. Não podemos destruir o poder estatal atualmente. Por que? Porque o imperialismo ainda existe, porque no país ainda existem os reacionários e as classes. Nossa tarefa, hoje em dia, consiste em fortalecer o aparelho do Estado popular. Isto se refere principalmente ao exército popular, à polícia popular, à justiça popular, à defesa nacional e à proteção dos interesses do povo. Eis aí a condição indispensável para que a China possa se desenvolver ininterruptamente sob a direção da classe operária e do Partido Comunista, para que ela possa se transformar de país agrário em país industrial, e passar da nova democracia à sociedade socialista e comunista, para que ela possa finalmente suprimir as classes e realizar o comunismo mundial.

O exército, a polícia e a justiça do Estado são uma arma de classe para oprimir outras classes. Para as classes hostis, o aparelho estatal é uma arma de opressão. É um instrumento de violência e não de "benevolência".

Democracia Popular e as Classes Exploradoras

DIZEM-NOS: "Vocês não são benevolentes". É certo. Somos resolutamente contra o poder benevolente em relação a atos reacionários, aos reacionários ou classes reacionárias. Só exercemos uma administração benevolente em relação ao povo, e não em relação aos reacionários, aos reacionários e às classes reacionárias que não pertencem ao povo. O Estado popular defende o povo. Só no Estado popular pode o povo utilizar métodos democráticos em escala nacional e educar-se e reeducar-se plenamente a fim de se libertar da influência dos reacionários de seu país e do estrangeiro (no momento, esta influência ainda é muito grande, persistirá por multo tempo e não pode ser liquidada com rapidez); a fim de se despojar dos maus costumes e das ideologias absurdas adquiridas na velha sociedade e não seguir o caminho errôneo apontado pelos reacionários, mas continuar avançando e se desenvolvendo rumo ao estabelecimento da sociedade socialista e comunista.

Os métodos que nós aplicamos nesse domínio são democráticos; recorremos, de fato, aos métodos de persuasão e não de coação. Os que infringem a lei serão punidos, recolhidos à prisão ou mesmo condenados à morte. Mas não passam de casos isolados que se distinguem, em princípio, da ditadura exercida sobre a classe reacionária como classe.

Quando o regime político dos reacionários tiver sido derrubado, serão concedidas terras, trabalho e meios de existência mesmo às classes reacionárias e à camarilha reacionária, com a condição de que não recorram à motins, à destruições e à sabotagens, para que se reeduquem trabalhando. Se não quiserem trabalhar, o Estado Popular às obrigará. Além disso, será feito entre elas um trabalho político, de propaganda e de educação, como fizemos com os oficiais prisioneiros. Isto também pode ser chamado de administração benevolente. Mas realizaremos isso por meio da coerção contra as velhas classes hostis e não se pode colocar esse trabalho no mesmo plano de nosso trabalho educativo entre o povo revolucionário. Essa reeducação das classes reacionárias só pode ser levada a cabo num Estado de ditadura da democracia popular.

Se este trabalho for bem feito, as principais classes exploradoras da China — a classe dos latifundiários e a classe do capital burocrático e a classe do capital monopolista — terminarão por ser liquidadas. No concernente à outra classe exploradora, a burguesia nacional, pode-se na etapa atual realizar um grande trabalho educativo em seu seio. Quando o socialismo for realizado, isto é, depois da nacionalização das empresas privadas, a burguesia nacional poderá continuar a se educar e reeducar. O povo dispõe de um poderoso aparelho estatal e não teme a sublevação da burguesia nacional.

Sun Yat Sen e a Democracia

Um problema importante é a educação dos camponeses. As explorações camponesas são dispersas. A julgar pela experiência da União Soviética, a socialização da agricultura requer muito tempo e muito trabalho. Sem socialização da agricultura não pode haver socialismo pleno e sólido. Para socializar a agricultura é imprescindível desenvolver uma indústria poderosa, constituída principalmente por empresas do Estado. O Estado de ditadura da democracia popular deve resolver paulatinamente o problema da industrialização do país. Como este artigo não pretende tratar a fundo dos problemas econômicos, não entraremos aqui em pormenores.

O primeiro Congresso Nacional do Kuomintang, celebrado em 1924 sob a direção pessoal de Sun Yat Sen e do qual participaram os comunistas, aprovou um manifesto que se tornou famoso. Dizia-se no manifesto:

"O chamado sistema democrático nos países contemporâneos é com freqüência monopolizado pela classe burguesa e transformado num instrumento de opressão do povo. Mas a democracia do Kuomintang é patrimônio comum de todo o povo e não o patrimônio privado de uma minoria". Se deixarmos de lado a questão de quem deve dirigir e de quem deve ser dirigido, a democracia acima mencionada, do ponto de vista de um programa político geral, corresponde à democracia popular ou nova democracia de que falamos. Se ao sistema estatal que é patrimônio comum de todo o povo e não patrimônio privado da burguesia, acrescentarmos a direção da classe operária, esse sistema de Estado será a ditadura da democracia popular.

Chiang Kai Shek traiu Sun Yat Sen e utilizou a ditadura do capital burocrático e dos latifundiários como arma de opressão do povo chinês. Essa ditadura contra-revolucionária campeou durante vinte e dois anos e acaba de ser derrubada pelo povo chinês, sob nossa direção.

Os reacionários estrangeiros que nos criticam por nossa "ditadura" e "totalitarismo", são justamente os que exercem a ditadura e o totalitarismo de uma classe, a burguesia, contra o proletariado e o resto do povo. São precisamente os homens de quem Sun Yat Sen falava como sendo a classe burguesa que oprime o povo nos países contemporâneos. Chiang Kai Shek copiou sua ditadura contra-revolucionária de seus cúmplices reacionários. Tchu Si, o filósofo da dinastia dos Sung, escreveu muitos livros e pronunciou muitos discursos que já esquecemos. Entretanto, tem uma frase que recordamos: "Conduze-te com os outros da mesma forma que eles se conduzem para contigo". É exatamente o que fazemos agora. Isto quer dizer: age com os imperialistas e seus lacaios, a camarilha reacionária de Chiang Kai Shek, da mesma forma que eles agiram com os demais. Desta e não de outra forma.

A ditadura revolucionária e a ditadura contra-revolucionária têm características opostas. A primeira aprendeu com a segunda. Este ensinamento é muito importante, pois se o povo revolucionário não aprendesse os métodos de dominar sobre os contra-revolucionários, não poderia manter seu regime que seria derrubado pela camarilha reacionária chinesa e estrangeira. A camarilha reacionária da China e do estrangeiro restabeleceria então o seu domínio na China e traria a desgraça ao povo revolucionário.

O Papel Dirigente da Classe Operária e Sua Aliança com o Campesinato

A base da ditadura da democracia popular é a aliança da classe operária, do campesinato e da pequena burguesia urbana e, principalmente, a aliança da classe operária com o campesinato, que constituem de 80 a 90 por cento da população chinesa. O imperialismo e a camarilha reacionária do Kuomintang foram derrubados, fundamentalmente, pela força da classe operária e do campesinato. A passagem da nova democracia ao socialismo dependerá principalmente da aliança dessas duas classes. A ditadura da democracia popular deve ser dirigida pela classe operária, pois só ela é a mais esclarecida, justa, desinteressada e consequente do ponto de vista revolucionário. A história de toda a revolução evidencia que, sem a direção da classe operária, a revolução está condenada ao fracasso. Mas, com a direção da classe operária a revolução triunfa. Na época do imperialismo, nenhuma outra classe, em nenhum país, é capaz de levar a verdadeira revolução à vitória. Assim o demonstrou claramente o fato de que a pequena burguesia e a burguesia nacional chinesa, que estiveram por diversas vezes à frente da revolução, sempre fracassaram.

Na etapa atual, a burguesia nacional tem uma grande importância. Continuamos a ter o imperialismo pela frente e trata-se de um inimigo feroz. A China precisará de muito tempo para realizar a verdadeira independência econômica. Só quando a indústria chinesa se tiver desenvolvido e quando o país não mais depender economicamente das potencias estrangeiras, é que a China poderá atingir uma independência plena e verdadeira. O peso específico da indústria moderna chinesa na economia nacional é ainda pequeno. Não dispomos ainda de estatísticas precisas, mas, de acordo com certos dados, podemos considerar que a indústria moderna fornece apenas dez por cento da produção industrial global da economia do país. Para diminuir a pressão dos imperialistas e fazer com que sua economia atrasada dê um passo à frente, a China deve aproveitar todas as empresas capitalistas urbanas e rurais que forem vantajosas para a economia nacional e que não prejudiquem o nível de vida do povo. Deve unir a burguesia nacional na luta comum. Nossa política atual consiste em limitar o capitalismo e não em destruí-lo.

Entretanto, a burguesia nacional não pode desempenhar um papel dirigente na revolução, da mesma forma que não pode ocupar uma posição dirigente no Estado, porque a situação social e econômica da burguesia nacional determina sua debilidade, sua falta de visão e de audácia. Disso decorre, também, o medo das massas que manifestam muitos de seus representantes. Sun Yat Sen conclamava a "despertar as massas" ou a "ajudar aos camponeses e operários". Quem deve despertá-los e ajudá-los? De acordo com Sun Yat Sen, a pequena burguesia e a burguesia nacional. Contudo, isso é irrealizável na prática. Por que terminaram em derrota os quarenta anos de trabalho revolucionário de Sun Yat Sen? Porque na época do imperialismo a pequena burguesia e a burguesia nacional não podem dirigir com êxito nenhuma verdadeira revolução. É inteiramente outra nossa experiência de 28 anos. Acumulamos uma experiência preciosa, na qual os três fatores principais são os seguintes:

Aprender com o Partido Bolchevique

- Um Partido disciplinado, armado com a teoria de Marx, Engels, Lênin e Stálin, que utiliza o método da autocrítica e é estreitamente lidado às massas;
- um exército, dirigido por esse Partido;
- uma frente única das diversas camadas e grupos revolucionários da sociedade, dirigidos por esse Partido.

É o que nos diferencia de nossos antecessores. Baseando-nos nesses três fatores obtivemos a vitória principal, percorremos um caminho difícil e lutamos contra as tendências oportunistas de direita e de esquerda no seio do Partido. Quando cometíamos erros graves, a revolução sofria reveses. Os erros e reveses nos formaram, nos tornaram mais sábios de forma que pudemos dirigir melhor nosso trabalho. Os erros são inevitáveis em cada Partido, em cada indivíduo, mas exigimos que sejam cometidos menos erros. Quando se comete um erro é necessário corrigi-lo, e quanto mais rápida e completamente se faça isso, melhor. Nossa experiência pode ser sintetizada da seguinte forma: ditadura da democracia popular, baseada na aliança dos operários e camponeses e dirigida pela classe operária (por meio do Partido Comunista). Esta ditadura deve unir-se a todas as forças revolucionárias internacionais. Esta é a nossa formula, nossa experiência fundamental, nosso programa fundamental.

Durante estes vinte e oito longos anos de existência, nosso Partido só fez uma coisa: obtivemos a principal vitória na luta revolucionária. Convém destacá-la porque é a vitória do povo e a vitória num país tão grande quanto a China. Entretanto, muito trabalho está ainda por fazer. O que foi feito até agora é apenas o primeiro passo de uma longa marcha de 10.000 li. Devemos ainda liquidar os restos do inimigo e temos pela frente a dura tarefa da construção econômica. Cedo teremos superado o trabalho a que estamos habituados e teremos de empreender trabalhos que desconhecemos. Nisto residem as dificuldades. Os imperialistas nos julgam incapazes de levar a bom termo o trabalho no domínio da economia; nos espreitam e esperam nosso fracasso. Devemos superar as dificuldades e aprender o que ainda não sabemos. Devemos aprender com todos (seja quem for) a trabalhar na esfera da economia. Devemos reconhecê-los como mestres e aprender com eles. Não devemos fingir saber tudo, se ignoramos alguma coisa. Não devemos nos converter em burocratas. É preciso pôr mãos à obra e, afinal de contas, aprenderemos a fazer esse trabalho em alguns meses, em um ou dois anos, em três ou cinco anos.

A princípio, muitos comunistas da União Soviética também não sabiam trabalhar no domínio da economia, e os imperialistas também esperavam o seu fracasso. No entanto, o Partido Comunista da União Soviética venceu. Sob a direção de Lênin e de Stálin, não só pôde realizar um trabalho revolucionário, mas um trabalho construtivo. O Partido Comunista da União Soviética é o melhor mestre com quem podemos aprender. A situação internacional e nacional nos é propicia. Podemos confiar inteiramente na arma que é a ditadura da democracia popular para unir todo o povo do país, com exceção dos reacionários, e avançar inflexivelmente rumo ao objetivo que nos fixamos.

VIDA LONGA À VITÓRIA DA DITADURA DO PROLETARIADO! EM COMEMORAÇÃO AO CENTENÁRIO DA COMUNA DE PARIS

Em abril de 1966, na celebração dos 95 anos da Comuna, a Revista Pequim, um importante periódico comunista, trouxe um documento comemorativo, escrita por Cheng Chih-Szu. Meses depois, também apareceu como referência no documento que inaugura a Revolução Cultural, a Circular do Comitê Central do Partido Comunista da China (PCCh). Tais diretrizes tiveram forte impacto na construção da Comuna de Xangai, em 1967, uma das experiências revolucionárias mais avançadas da Revolução Cultural. Abaixo extratos do artigo.

De forma concisa, Mao Tsé-tung resumiu a tremenda importância da luta armada e do exército popular formulando a célebre tese de que "o poder político nasce do cano de um fuzil". Ele salientou: "de acordo com a teoria marxista do Estado, o exército é o principal componente do poder de Estado. Quem quiser tomar e manter o poder de Estado deve possuir um forte exército".

A experiência histórica mostra que a tomada do poder político pelo proletariado e povo oprimido de um país e a vitória da revolução são adquiridas, invariavelmente, pelas armas, sob a liderança de um partido proletário, agindo de acordo com as condições específicas de seu país, construindo gradualmente o exército popular e lutando a guerra popular, na base da ampla mobilização das massas, travando repetidas lutas contra os imperialistas e reacionários. Isto ocorreu na Revolução Russa, na Revolução Chinesa, nas Revoluções do Vietnã, Laos, Coréia e outros países, e não existem exceções.

Pelo contrário, sempre que não organizam forças armadas revolucionárias ou renunciaram a isso, os partidos proletários sofrem reveses na revolução, existindo sérias lições: alguns partidos falharam em tomar armas e ficaram a mercê dos inesperados ataques do imperialismo e seus lacaios e da repressão contrarrevolucionária, e, como resultado, milhões de revolucionários foram massacrados. Em outros casos, em que os revolucionários já haviam tomado armas e seus exércitos cresceram consideravelmente, certos partidos desfizeram o exército popular e destruíram os frutos da revolução porque almejavam postos oficiais nos governos burgueses ou foram enganados pelos contrarrevolucionários.

Nas últimas décadas, muitos Partidos Comunistas têm participado de eleições e dos parlamentos, mas nenhum conseguiu instaurar uma ditadura do proletariado dessa maneira. Mesmo que um Partido Comunista atinja a maioria no parlamento ou participe do governo, isso não significa qualquer mudança no caráter do poder político burguês, menos ainda destruir a velha máquina de Estado. A classe dominante reacionária pode proclamar uma eleição como nula, dissolver o parlamento ou usar diretamente a violência para expulsar o Partido Comunista. Se um partido proletário não faz trabalho de massa, rejeita a luta armada e faz das eleições parlamentares um fetiche, ele irá apenas enganar as massas e se corromper. A burguesia compra um Partido Comunista pelas eleições parlamentares e o torna em um partido revisionista, um partido da burguesia – são esses casos raros na história?

O proletariado deve usar as armas para tomar o poder político, e deve usar as armas para defendê-lo. O exército popular, sob a liderança do partido marxista-leninista é o baluarte da ditadura do proletariado, e entre os vários fatores que impedem a restauração do capitalismo, ele é o principal. Possuindo um exército popular armado com a ideologia marxista-leninista, o proletariado pode lidar com qualquer situação complicada na luta de classes nacional ou internacional e salvaguardar o Estado proletário.

Em face ao grande movimento revolucionário atual, todo partido revolucionário e todos os revolucionários terão de fazer uma escolha. Marchar à frente das massas e as liderar? Seguir atrás das massas, gesticulando e criticando? Ou ficar no meio de seu caminho e se opor a elas? Partidos marxistas-leninistas verdadeiros e todos os revolucionários devem, calorosamente, apoiar as ações revolucionárias das massas, marchar firmemente à frente do movimento de massas e liderar as massas para frente.

A principal questão para a revolução é distinguir entre inimigos e aliados, unir-se com nossos verdadeiros amigos e atacar nossos verdadeiros inimigos. O desenvolvimento do movimento de massa revolucionário exige o constante reforço da unidade dentro das forças revolucionárias e a destruição dos planos que visam dividir e sabotar, fabricados pelos imperialistas, revisionistas e reacionários. O povo, que constitui mais de 90% da população – os operários, camponeses, estudantes e todos aqueles que se recusam a ser oprimidos pelo imperialismo – invariavelmente quer a revolução. Para derrotar o imperialismo dos E.U.A. e seus vassalos, é imperativo criar uma grande frente unida, unir todas as forças que podem ser unidas, excluindo o inimigo, e levar adiante a árdua luta.

O Presidente Mao procedeu a um balanço completo da experiência histórica da ditadura do proletariado nos seus aspectos positivos e negativos; herdou, defendeu e desenvolveu a teoria marxista-leninista da revolução proletária e da ditadura do proletariado; formulou a grande teoria da continuidade da revolução sob a ditadura do proletariado e resolveu, na teoria e na prática, a questão mais importante de nosso tempo – a questão da consolidação da ditadura do proletariado e a prevenção da restauração capitalista. Assim ele fez uma grande contribuição ao marxismo-leninismo e abriu a rota vitoriosa que permite levar até o fim a revolução proletária. Na Grande Revolução Cultural Proletária da China, o Pensamento de Mao Tsé-Tung e a linha revolucionária do Presidente Mao estão integradas de forma mais profunda com a prática revolucionária do povo, em suas centenas de milhões, para tornar-se a maior força na consolidação da ditadura do proletariado.

A sociedade socialista cobre um período histórico consideravelmente longo. Através dessa etapa histórica, ainda existem classes, contradições de classes e luta de classes. A luta ainda se foca sobre o poder político. A classe derrotada irá continuar lutando; essas pessoas ainda permanecerão e essa classe ainda existirá. Eles irão, invariavelmente, procurar agentes dentro do Partido Comunista para tentar restaurar o capitalismo. Dessa forma, o proletariado deve não apenas se guardar de inimigos como Thiers e Bismarck, que derrotaram o poder político revolucionário pela força das armas; ele deve se guardar, em particular, contra esses carreiristas e trapaceiros como Kruschev e Brejnev, que usurparam a liderança do partido e do Estado por dentro. Para consolidar a ditadura do proletariado e prevenir a restauração capitalista, o proletariado deve levar a cabo a revolução socialista não apenas na frente econômica, mas também na política, ideológica e cultural e exercer em toda a linha uma ditadura sobre a burguesia na superestrutura, incluindo todas as esferas da cultura. É essencial permitir que os membros do partido, os quadros e as massas dominem a arma mais afiada, o marxismo-leninismo, e distingam entre as linhas correta e errônea, entre o verdadeiro e o falso marxismo, e entre o materialismo e o idealismo, para garantir que nosso Partido e Estado sempre avance de acordo com a linha proletária revolucionária do Presidente Mao.

Acerca dos problemas do período de transição do capitalismo ao socialismo e da ditadura do proletariado

Kim Il Sung

Maio de 1967

Kim Il Sung foi o fundador da República Popular Democrática da Coreia e seu Grande Líder desde 1948 até sua morte, em 8 de julho de 1994. Libertou a Coreia do jugo colonial ao conduzir a luta contra a ocupação japonesa (1910-1945) e esteve à frente do país durante a Guerra da Coreia (1950-1953), ao fim da qual impôs um armistício e uma derrota histórica aos Estados Unidos. Fundou o Partido do Trabalho da Coreia (PTC) e o Exército Popular da Coreia (EPC). Desenvolveu a Ideia Juche, a ideologia guia da Revolução Coreana, a qual centraliza a Revolução nas massas populares, que atua como sujeito independente, criativo e consciente, e defende a independência, a autossuficiência e a autodeterminação dos povos.

Nestes últimos tempos, no decurso do estudo dos documentos da Conferência do Partido, surgiram diferentes opiniões, sobre os problemas do período de transição e da ditadura do proletariado, entre um certo número de peritos e de quadros encarregados do trabalho ideológico. Sobretudo depois da publicação de um artigo relativo a tais problemas, multiplicaram-se as opiniões a respeito. Também eu dei uma opinião simples depois de ter estudado os materiais relativos a estes problemas e trocado opiniões com peritos. Ora os camaradas que a escutaram transmitiram-na, interpretando-a cada um à sua maneira. Daí resultou que muitos pontos foram deformados. Como as questões em discussão são questões de grande importância, ligadas aos documentos da Conferência do Partido, não podemos de forma nenhuma desprezá-las. Eis a razão porque tenho de falar hoje delas duma forma um pouco mais detalhada.

Como todos os outros problemas científicos e teóricos, os problemas do período de transição e da ditadura do proletariado deveriam ser resolvidos partindo sempre das ideias de Juche do nosso Partido. Nunca devemos pretender resolver dogmaticamente estes problemas, ligando-nos estritamente às teses dos clássicos. Também não se deve querer interpretá-los à maneira de outrem, deixando-nos cativar pelas ideias de servilismo às grandes potências. Ora, tal como ressalta não só do exame das exposições de numerosos peritos como da leitura das memórias de certos camaradas, a verdade é que quase todos interpretam de uma forma dogmática as teses dos clássicos, se não querem interpretá-las conforme o que pensam as pessoas doutros países e deixar-se arrastar para os desvios de servilismo às grandes potências. Esta é a razão porque, no fim de contas, formulam os problemas num sentido completamente diferente daquele que lhe dá o nosso Partido. Procedendo assim, nunca se poderá estudar e resolver corretamente os problemas. Só se poderá chegar a uma conclusão justa resolvendo os problemas do próprio chefe, sem servilismo às grandes potências nem dogmatismo.

Falemos primeiro do problema do período de transição. Para esclarecer corretamente o problema do período de transição é necessário examinar em primeiro lugar as circunstâncias históricas e as premissas de que partiram os clássicos, e em particular Marx, ao equacionarem este problema.

Na nossa opinião, desde já, quando Marx dava a definição de socialismo e formulava o problema do período de transição do capitalismo ao comunismo, tinha decerto no espírito um país capitalista desenvolvido. Creio que é preciso, antes de mais, compreender claramente este fato para se poder resolver corretamente o problema do período de transição.

Como se apresenta então o país capitalista desenvolvido cuja questão se levanta aqui? É um país capitalista onde existe o operário agrícola ao lado do operário industrial, o camponês já não se encontra no campo, uma vez que tendo sofrido, tal como a cidade, uma transformação capitalista completa, as relações capitalistas dominam em toda a sociedade. O país capitalista avançado em que pensava Marx, no desenvolvimento da sua doutrina, era um país capitalista desse tipo, e era precisamente um país como a Grã-Bretanha que ele tinha sempre na mente, e onde vivia e orientava as suas atividades. Eis a razão porque na exposição do problema do período de transição do capitalismo ao socialismo, Marx teve, em primeiro lugar, como premissa a condição da ausência das diferenças de classe entre a classe operária e o campesinato.

Se examinarmos agora os países capitalistas mais desenvolvidos do nosso tempo, verificamos que, tendo as forças produtivas sofrido um alto desenvolvimento nesses países, também o campo sofreu uma completa transformação capitalista e que, por este motivo, a classe operária constitui a única classe trabalhadora tanto no campo como na cidade. Num país capitalista existem várias dezenas de milhares de quintas que são altamente mecanizadas. Pois bem, a eletrificação, a irrigação e o progressivo emprego da química, também atingiram no campo um alto nível de desenvolvimento. Por isso se diz nesse país que um operário agrícola cultiva 30 hectares de terra. Que significa isso? De fato, isso significa que não só não existem diferenças de classe entre a classe operária e o campesinato, mas também que as forças produtivas da agricultura atingiram quase o mesmo nível das da indústria. Se é verdade que existe uma diferença, não é mais do que a diferença de condições de trabalho: o operário industrial trabalha na fábrica, o operário agrícola trabalha no campo.

Marx considerava também como um período relativamente curto a etapa de transição ao socialismo, após a tomada do poder pelo proletariado nesses países capitalistas desenvolvidos. Por outras palavras, considerava que uma vez que só existem duas classes na sociedade, a classe capitalista e a classe operária, será possível cumprir as tarefas do período de transição, num prazo relativamente curto e passar rapidamente à fase superior do comunismo, uma vez a classe dos capitalistas esmagada e as suas propriedades tomadas e convertidas em propriedade de todo o povo no decorrer da revolução socialista. Portanto, Marx nunca afirmou que era possível passar diretamente do capitalismo ao comunismo, sem atravessar a fase do socialismo. Seja qual for o grau de desenvolvimento das forças produtivas, mesmo que não existam diferenças entre a classe operária e o campesinato, é preciso cumprir obrigatoriamente, antes de passar ao comunismo, as tarefas do período de transição que consistem na liquidação dos restos das forças da classe exploradora e na supressão das ideias caducas na consciência dos homens. É o primeiro ponto que temos de ter em conta sem falta.

O segundo ponto que devemos tomar em consideração para estudar a doutrina de Marx sobre o período de transição e para esclarecer este problema como deve ser é a visão de Marx sobre a revolução ininterrupta. Como toda a gente sabe, Marx não podia ver claramente o desenvolvimento político e econômico irregular do capitalismo, visto ter vivido numa época do capitalismo pré-monopolista e, por consequência, considerava que a revolução proletária estalaria quase simultaneamente, de uma forma sucessiva nos principais países capitalistas da Europa, pensando que a revolução mundial triunfaria relativamente depressa. Partindo destas premissas, Marx não só considerou o período de transição do capitalismo ao socialismo como um período histórico relativamente curto, como também definiu que a ditadura do proletariado corresponderia, em tempo, ao período de transição, isto é, definiu o período de transição e a ditadura do proletariado como coisas inseparáveis uma da outra. Devemos também ter em conta este ponto. Pode-se considerar também que Lênin continuou no essencial a posição de Marx quando expôs os problemas do período de transição e da ditadura do proletariado. Por certo, ainda que capitalista, a Rússia onde Lênin viveu e dirigiu as suas atividades era, não um país capitalista desenvolvido, mas um país capitalista atrasado, ao contrário da Grã-Bretanha e da Alemanha onde Marx viveu e orientou suas atividades. Por isso, Lênin considerava a fase socialista, fase transitória, como um período relativamente longo, e não curto como dizia Marx.

No entanto, segundo o ponto de vista de Marx, Lênin afirmou também que a sociedade onde subsistem as diferenças de classe entre o operário e o camponês é, ainda que a classe operária tenha derrubado o regime capitalista e tomado o poder, uma sociedade transitória e não, decerto, uma sociedade comunista nem uma socialista completa. Também disse que não basta derrubar os capitalistas enquanto classe, mas que é preciso eliminar as diferenças entre o operário e o camponês, para que o socialismo seja completamente realizado. Desta maneira, Lênin considerava, em última análise, como período de transição do capitalismo ao socialismo ou ao comunismo, o período definido entre o derrube da classe capitalista pela operária e a realização da sociedade sem classes, em que desaparecem as diferenças entre a classe operária e o campesinato. Considero que esta definição do período de transição é profundamente correta.

Ora, a questão está no fato dos nossos camaradas interpretarem dogmaticamente as teses de Marx e de Lênin sem tomarem em consideração a época e as circunstâncias históricas de onde elas surgiram e, em particular, no fato de estabelecerem que o período de transição e a ditadura do proletariado são a mesma coisa e inseparáveis.

Sem dúvida, é verdade que o período de transição do capitalismo ao socialismo ou ao comunismo só se consumará quando, após o derrube da classe dos capitalistas, for realizada a sociedade sem classes onde já não existirão diferenças entre a classe operária e o campesinato. Além disso, podemos acreditar que, no caso da deflagração sucessiva da revolução socialista em todos os países e do triunfo da revolução à escala mundial, o período de transição e a ditadura do proletariado corresponder-se-iam e que com o fim do período de transição, a ditadura do proletariado desapareceria, extinguindo-se então o Estado.

Mas é preciso considerar que quando o socialismo for construído e a sociedade sem classes for realizada num único país ou numa certa região, o período de transição chegará ao fim, mesmo que a revolução não tenha triunfado à escala mundial. Contudo, a ditadura do proletariado não poderá desaparecer, e menos ainda se poderá falar da extinção do Estado, enquanto o capitalismo subsistir no mundo. Por isso, para elucidar como deve ser os problemas do período de transição e da ditadura do proletariado, não devemos agarrar-nos de uma forma dogmática às teses de Marx e de Lênin, mas interpretar estes problemas partindo da experiência prática da edificação do socialismo no nosso país.

Presentemente, algumas pessoas usam a noção do período de transição do capitalismo ao socialismo, mas não se servem em sentido nenhum da noção de período de transição do capitalismo ao comunismo, isto é, à fase superior do comunismo. Apesar de tudo, empregam o termo "passagem gradual do socialismo ao comunismo".

O desvio oportunista de direita consiste em considerar que o período de transição vai da conquista do poder pela classe operária à vitória do regime socialista e em julgar, fazendo coincidir o período de transição com o período de ditadura do proletariado, que a ditadura do proletariado acaba a sua missão histórica logo que o período de transição chegue ao fim. Esta é a razão porque, os que defendem esta posição afirmam que, a partir do momento em que a vitória tão completa como definitiva do socialismo, primeira fase do comunismo, tenha sido alcançada e que se passou à edificação generalizada do comunismo, a ditadura do proletariado cumpriu a sua missão histórica deixando de ser necessária. É uma visão oportunista de direita que vem inteiramente contra o marxismo-leninismo.

Qual será então a visão oportunista de "esquerda"? Recentemente, os que têm pontos de vista de "esquerda" consideravam o problema do período de transição exatamente da mesma maneira que os que têm pontos de vista oportunista de direita. Mas nestes últimos tempos, partindo da sua posição segundo a qual o comunismo só poderá ser realizado após algumas gerações, pensam que é necessário considerar o período de transição como um período de transição do capitalismo à fase superior do comunismo. O caminho que seguem para isso é, segundo creio, criticar o oportunismo de direita. Criticar os desvios de direita é bom, mas tal ponto de vista sobre o problema do período de transição, não o podemos considerar correto.

Como acabamos de ver acima, podemos aperceber-nos de que essas pessoas cometem todas, tanto umas como outras, desvios quando abordam os problemas do período de transição e da ditadura do proletariado.

Somos da opinião de que pouco importa que se chame período de transição ao período de transição do capitalismo ao socialismo, ou ainda período de transição do capitalismo ao comunismo, uma vez que o socialismo é a primeira fase do comunismo. Contudo o que acontece aqui, é que um certo número dos nossos camaradas, arraigados de servilismo às grandes potências, consideram, segundo o ponto de vista oportunista de "esquerda", que o período de transição se situa entre o capitalismo e a fase superior do comunismo, ou, segundo o ponto de vista oportunista de direita, que vai até à vitória do socialismo.

O ponto crucial da polêmica sobre o período de transição não está pois nos termos "transição ao socialismo" e "transição ao comunismo", mas reporta-se à questão de saber onde traçar a linha de demarcação do período de transição. Atualmente, muita gente, que traçou incorretamente esta linha de demarcação, caiu na confusão, o que dá lugar a diversas questões. Tanto a linha de demarcação traçada pelos que têm pontos de vista oportunistas de direita como a traçada pelos que têm pontos de vista de "esquerda", causam problemas.

A fase superior do comunismo, não é apenas uma sociedade sem classes, onde não existem diferenças entre o operário e o camponês, mas também uma sociedade altamente desenvolvida onde também não existem diferenças entre o trabalho intelectual e o trabalho manual e onde todos os seus membros trabalham segundo a sua capacidade e recebem segundo as suas necessidades. Eis a razão porque, se considerarmos que o período de transição vai até esta fase superior do comunismo, isso equivale, de fato, a não traçar a linha de demarcação. Algumas pessoas não só consideram que o período de transição vai até à fase superior do comunismo, como também afirmam que é impossível realizar o comunismo num só país. Dizem que só se poderá entrar no comunismo quando se realizar a revolução mundial. Segundo esta opinião, o período de transição não pode terminar antes da completa concretização da revolução mundial. Enquanto os que defendem uma posição de direita fazem coincidir o período de transição com a ditadura do proletariado considerando que o período de transição vai até ao triunfo do socialismo, os que consideram que ele dura até à fase superior do comunismo, explicam que o período de transição e a ditadura do proletariado se correspondem mutuamente. Ao que pensamos, foram bastante longe na sua opinião.

Por outro lado, levanta-se também um problema no fato de os que têm pontos de vista de direita considerarem que o período de transição vai até ao triunfo da revolução socialista. A ideia de que o período de transição vai até à vitória do regime socialista provém do ponto de vista ideológico que consiste em abandonar, no plano nacional, a luta de classes contra os restantes elementos da classe exploradora derrubada e em renunciar, no plano internacional, à revolução mundial, querendo viver em paz com o imperialismo. Pior ainda, defendem que a ditadura do proletariado desaparece com o fim do período de transição. Como poderia ser isto? É profundamente errado!

Não se deve, pois, seguir mecanicamente o que foi estabelecido pelas pessoas que têm pontos de vista de direita nem tomar como critério o que foi estabelecido pelos que têm pontos de vista de "esquerda". Devemos estabelecer sempre firmemente o Juche e basear-nos na experiência prática da revolução e da edificação no nosso país para ponderar o problema. Como já mencionei mais acima, as definições que os clássicos deram aos problemas do período de transição e da ditadura do proletariado são, de fato, corretas do ponto de vista das condições históricas do seu tempo e das premissas de que partiram.

Mas, hoje, a nossa realidade exige que se desenvolvam estas definições de uma forma criadora e não que as apliquemos mecanicamente. Realizamos a revolução socialista nas condições que herdamos das forças produtivas muito atrasadas de um país agrícola, e edificamos o socialismo nas circunstâncias em que o capitalismo continua ainda como uma força considerável no mundo.

Para esclarecer como deve ser os problemas do período de transição e da ditadura do proletariado, é absolutamente necessário ter em conta esta realidade concreta em que nos encontramos. Tendo em conta este ponto, penso que é ir demasiado longe considerar que o período de transição, no nosso país, vai até à fase superior do comunismo, e que é correto considerar que o período de transição vai até ao socialismo. Mas é errôneo considerar que o período de transição termina logo que a revolução socialista triunfe e que seja estabelecido o regime socialista. Tanto à luz do que disseram os fundadores do marxismo-leninismo, como à luz da nossa experiência prática, é correto encarar o problema da seguinte forma: o derrube da classe dos capitalistas e a concretização da revolução socialista pela classe operária, depois da tomada de poder, não marcam de modo nenhum a edificação completa da sociedade socialista. Esta é a razão porque nunca afirmamos que o estabelecimento do regime socialista é a vitória completa do socialismo.

Quando estará então realizada a sociedade socialista completa? A vitória completa do socialismo só será atingida quando as diferenças de classe entre a classe operária e o campesinato forem eliminadas e as camadas sociais médias, em particular as massas camponesas, nos apoiem ativamente. Enquanto os camponeses não forem transformados em classe operária, o seu apoio, mesmo que se verifique, não poderá ser firme e estará inevitavelmente sujeito a uma certa oscilação.

A tomada do poder pela classe operária é apenas o princípio da revolução socialista. Para edificar completamente a sociedade socialista, é preciso consolidar as bases materiais do socialismo, prosseguindo continuamente a revolução. Já insisti muitas vezes sobre este ponto nos meus informes e discursos. Ora, um certo número dos nossos camaradas, impregnados das ideias do servilismo às grandes potências, tiveram sempre um grande interesse pelo que diziam os outros, sem mesmo terem o cuidado de estudar seriamente os documentos do nosso Partido. Isso é um erro grave.

Devemos apoiar-nos firmemente na nossa realidade para vermos corretamente todos os problemas. Como o nosso país não passou pela revolução capitalista, as forças produtivas estão muito atrasadas e as diferenças entre a classe operária e o campesinato subsistirão por muito tempo, mesmo após a concretização da revolução socialista. Na realidade, hoje são muitos poucos, no mundo, os países capitalistas altamente desenvolvidos, uma vez que a maior parte dos países são países atrasados que, tal como o nosso país e seus semelhantes, eram outrora colônias ou semicolônias, ou então países que ainda se encontram subjugados. *Tais países só poderão edificar uma sociedade sem classes e consolidar o socialismo, desenvolvendo as forças produtivas durante um período relativamente longo mesmo depois da realização da revolução socialista.*

Pelo fato de não termos atravessado normalmente a etapa de desenvolvimento capitalista, devemos forçosamente realizar hoje, na nossa etapa socialista, a tarefa de desenvolver as forças produtivas, que deveria ter sido cumprida necessariamente sob o capitalismo. Não é absolutamente necessária proceder a uma transformação capitalista da sociedade, formar conscientemente capitalistas e depois abatê-los para, a seguir, reedificar o socialismo, pelo fato de não termos realizado esta tarefa na etapa capitalista. A classe operária que tomou o poder não deve fazer renascer a sociedade capitalista, mas, com vista a edificar a sociedade sem classes, deve realizar sob o regime socialista essa tarefa que deveria ter sido realizada na etapa da revolução capitalista.

Não devemos deixar de consolidar sem cessar as bases materiais do socialismo para *conduzir as forças produtivas, pelo menos, ao nível dos países capitalistas desenvolvidos* e para eliminar completamente as diferenças entre a classe operária e o campesinato. Com efeito, é preciso mecanizar os trabalhos agrícolas, empreender o avanço do emprego da química, desenvolver a irrigação e pôr em vigor a jornada de trabalho de 8 horas, impulsionando a revolução técnica até ao ponto onde os países capitalistas desenvolvidos operaram as transformações capitalistas nos seus campos.

Foi precisamente com esse fim que publicamos as Teses sobre a questão rural socialista. Ora, os nossos camaradas não estudam mesmo como deve ser estas Teses. Devemos usar o cérebro para ponderar todo o problema do nosso próprio chefe, baseando-nos sempre nos documentos do nosso Partido. Quais são então as ideias principais das *Teses sobre a questão rural socialista no nosso país*? As ideias fundamentais das Teses consistem em realizar a revolução técnica no campo, para desenvolver fortemente as forças produtivas da agricultura e, ao mesmo tempo, empreender aí a revolução ideológica e cultural a fim de eliminar progressivamente as diferenças entre a classe operária e o campesinato nos domínios técnico, ideológico e cultural, e em levar a propriedade cooperativa ao nível da propriedade de todo o povo.

Ora, estas tarefas não podem ser realizadas sem a direção e a ajuda da classe operária ao campesinato. A linha de conduta do nosso Partido consiste em realizar a revolução técnica no campo assistindo material e tecnicamente os camponeses, através do apoio de sólidas bases industriais. Com efeito, é preciso enviar muitos tratores para o campo e fornecer-lhes grandes quantidades do adubo e de outros produtos químicos agrícolas para fazer avançar o emprego da química e também é necessário efetuar a irrigação. Ao mesmo tempo, a classe operária deve ajudar os camponeses a reforçar a sua ideologia e exercer sobre eles a sua influência cultural. Só deste modo é que os camponeses podem ser completamente transformados em classe operária.

Assim, penso que é correto traçar a linha de demarcação do período de transição no ponto em que se realiza a sociedade sem classes, ao contrário do que defendem os que têm desvios de direita ou de "esquerda". Como se deve então chamar esta sociedade que corresponde ao período que vai da vitória da revolução socialista e da concretização da transformação socialista até à supressão das diferenças de classe entre a classe operária e o campesinato? Esta sociedade pertence sem dúvida ao período de transição, mas é uma sociedade sem exploração. É, portanto, impossível chamar-lhe outra coisa que não seja sociedade socialista.

Certamente, não se passará à fase superior do comunismo, logo que o período de transição tenha chegado ao fim. Para atingir a fase superior do comunismo, é preciso, mesmo depois do fim do período de transição, prosseguir a revolução e a construção, e desenvolver assim as forças produtivas até ao nível em que cada um trabalhe segundo as suas capacidades e receba segundo as suas necessidades.

Penso que este ponto de vista sobre o problema do período de transição está de acordo com as definições de Marx e de Lênin e que sai das novas condições históricas e da experiência prática da revolução e da edificação no nosso país. Esta não é a nossa conclusão definitiva, mas sim uma conclusão preliminar. É conveniente que aprofundeis os vossos estudos neste sentido.

Se se deve definir assim o problema da transição, como se deverá encarar o problema da ditadura do proletariado? Como já disse mais acima, os clássicos pensaram que o período de transição e a ditadura do proletariado se correspondem reciprocamente. Pois bem, se for realizada no nosso país a sociedade sem classes e for atingida a vitória completa do socialismo, ou melhor, se as tarefas do período de transição forem cumpridas, deixará de ser necessária a ditadura do proletariado? Nunca se poderá dizê-lo. Sem falar da necessidade de sua experiência para todo o percurso do período de transição, a ditadura do proletariado deve prolongar-se absolutamente até à fase superior do comunismo, mesmo depois do fim do período de transição.

Mesmo que consolidássemos as bases materiais e técnicas do socialismo e que, por aplicação das Teses sobre a questão rural socialista, concretizássemos a revolução técnica no campo, levássemos a propriedade cooperativa ao nível da propriedade de todo o povo, transformássemos o campesinato em classe operária e eliminássemos as diferenças entre a classe operária e o campesinato, as forças produtivas não teriam chegado ainda a um nível que permitisse aplicar o princípio do comunismo: cada um trabalha segundo as suas capacidades e recebe segundo as suas necessidades. É por isso que mesmo nessa altura será preciso continuar a edificar o socialismo e a lutar pela realização do comunismo. É evidente que não se poderão cumprir estas tarefas sem a ditadura do proletariado. Ou melhor, mesmo depois do fim do período de transição, a ditadura do proletariado deve prolongar-se até à fase superior do comunismo.

Mas, aqui levanta-se uma outra questão: logo que se realize o comunismo num país ou numa região, quando o capitalismo ainda subsiste no mundo, que acontecerá à ditadura do proletariado? Enquanto a revolução mundial ainda não estiver acabada e o capitalismo e o imperialismo subsistirem, mesmo que o comunismo esteja realizado num país ou numa região, esta sociedade não poderá evitar a ameaça do imperialismo, nem a resistência dos inimigos do interior ligados aos inimigos do exterior. Em tais condições, o Estado não poderá extinguir-se e a ditadura do proletariado deverá permanecer sempre, mesmo na fase superior do comunismo. No caso da revolução estalar sucessivamente em todos os países do mundo e no caso do capitalismo se arruinar, triunfando a revolução socialista à escala mundial, o período de transição e a ditadura do proletariado coincidirão e, quando o período de transição chegar ao fim, a ditadura do proletariado já não será necessária e extinguir-se-ão as funções do Estado. Contudo, a partir do momento em que admitimos a teoria da possibilidade da edificação do comunismo num só país ou numa certa região, é de fato correto encarar assim separadamente o período de transição e a ditadura do proletariado.

Se encaramos deste modo o problema do período de transição e da ditadura do proletariado, não é de forma nenhuma para rever o marxismo-leninismo. A nossa posição consiste em aplicar de uma forma criadora as teses enunciadas por Marx e por Lênin, às condições históricas novas, bem como à prática concreta do nosso país. Considero que este modo de agir constitui a via que permite combater o dogmatismo e o servilismo às grandes potências e salvaguardar a pureza do marxismo-leninismo.

Em relação à ditadura do proletariado, gostaria de fazer brevemente algumas referências sobre o problema da luta de classes. Haverá a ditadura do proletariado enquanto existir a luta de classes; a ditadura do proletariado é necessária para conduzir a luta de classes. Mas, há várias formas de luta de classes. Uma coisa é a forma de luta de classes no derrube do capitalismo, outra coisa é a luta de classes depois do derrube do capitalismo. Isso já foi claramente indicado nos documentos do nosso Partido. Contudo, muitas pessoas cometem erros de "esquerda" ou de direita, porque não compreendem isto devidamente.

A luta de classes durante a revolução socialista é uma luta que visa liquidar os capitalistas enquanto classe; a luta de classes na sociedade socialista, é uma luta que tem por objetivo a unidade e a coesão, e não é de forma nenhuma uma luta de classes destinada a semear a discórdia e a inimizade entre os membros da sociedade. Na sociedade socialista conduz-se a luta de classes, mas segue-se o método da cooperação com vista à unidade e à coesão. A revolução ideológica que prosseguimos atualmente é, diga-se de passagem, uma luta de classes, e a ajuda que damos ao campo com o objetivo de transformar os camponeses em classe operária também é uma forma de luta de classes. Pois o objetivo que move o Estado da classe operária, ao fornecer máquinas e adubos químicos aos camponeses e ao desenvolver a irrigação, consiste, no fim de contas, em suprimir os camponeses enquanto classe e em transformá-los completamente em classe operária. *O objetivo da nossa luta de classes é não só transformar os camponeses em classe operária, suprimindo-os assim enquanto classe, mas também revolucionarizar as antigas camadas sociais médias*, os intelectuais da antiga escola e a velha classe pequeno-burguesa urbana em primeiro lugar, remodelando-as assim à imagem da classe operária. Esta é a forma de luta de classes que seguimos.

E depois, sob o nosso regime, dado que as forças contrarrevolucionárias do exterior exercem a sua influência subversiva e que os restantes elementos da classe exploradora derrubada agem no interior, existe uma luta de classes que visa esmagar as suas manobras contrarrevolucionárias. Como se vê, na sociedade socialista há uma forma da luta de classes que consiste em exercer a ditadura sobre os inimigos do exterior e do interior, ao lado da forma principal da luta de classes que consiste em revolucionarizar e remodelar, pelo método da cooperação, os operários, os camponeses e os intelectuais trabalhadores com vista à sua unidade e à sua coesão. Por isso, na sociedade socialista a luta de classes não desaparece, mas continua sempre; apenas muda de forma. Este modo de considerar o problema da luta de classes na sociedade socialista é inteiramente justo.

Em relação ao problema da luta de classes, queria dizer ainda algumas palavras para sublinhar o problema da revolucionarização dos intelectuais. Ainda não podemos afirmar que encontramos os meios perfeitos de revolucionarização dos intelectuais. Experimentamos pôr os intelectuais a trabalhar na fábrica com os operários para revolucionarizá-los, mas duvidamos que esse seja um método verdadeiramente perfeito. Se formamos os intelectuais, foi com o objetivo de os ensinar a escrever, de os pôr a estudar as ciências e a técnica ou de os tornar professores. Se queríamos pô-los a trabalhar na fábrica, porque gastamos tanto para os formar, em vez de fazermos deles operários desde o início? Por isso este método também não é conveniente.

Decerto é bom que se aproximem os intelectuais dos operários para que aprendam, com estes últimos, o seu espírito de organização, a sua firmeza e o seu espírito de abnegação, que consiste em servir o povo pelo trabalho manual. Contudo, isso poderia resolver completamente o problema da revolucionarização dos intelectuais? Não. Não são raros os nossos escritores que foram para a fábrica. Mas alguns escritores não fizeram assim tão grandes progressos, mesmo depois do seu trabalho na fábrica. Por consequência, é impossível revolucionarizar os intelectuais unicamente por este método que consiste em mandá-los trabalhar para a fábrica.

O importante é reforçar a sua participação ativa nas diferentes organizações, a começar pela sua participação ativa no Partido.

Presentemente, alguns dos nossos intelectuais não gostam de reforçar a sua participação ativa no Partido e nas diversas organizações e não participam corretamente na vida delas. Pensam que o reforço da vida do Partido e a participação na vida das organizações arrastarão à privação de liberdades.

Mesmo entre os quadros, os que se insurgem contra a política do Partido são também os que não participam ativamente no Partido e que não fazem como deve ser o estudo do Partido. Atualmente, como a Escola Central do Partido, também já não reforça a vida do Partido para os seus alunos, estes não sabem, mesmo após a sua saída da escola, nem aplicar o que aprenderam, nem trabalhar e nem viver de uma maneira revolucionária.

É esta a razão porque o mais importante para a revolucionarização dos intelectuais é fazê-los participar ativamente na vida da organização revolucionária. Antes de tudo, é preciso que eles reforcem a sua participação ativa na célula do Partido e que se armem de ideias revolucionárias, fazendo bem o estudo do Partido, sem se vangloriarem da sua sabedoria. Depois, não devem temer nem a crítica que lhes possa ser feita, nem a crítica que tenham de fazer aos outros, devem praticar severamente a crítica e a autocrítica e observar estritamente a disciplina na organização. Só esta forma de agir poderá ajudá-los a autorrevolucionarizarem-se. Toda a gente deve formar em si a ideia do coletivismo na sua vida no seio do Partido ou nas organizações de massa, e assimilar o espírito revolucionário que consiste em aceitar infalivelmente as tarefas revolucionárias distribuídas pela organização e em cumpri-las fielmente. Os membros do Partido e os membros das organizações de massa devem armar-se firmemente da política do Partido e propagá-la, e devem transformar-se em revolucionários executando sem falta as tarefas revolucionárias em conformidade com a política do Partido. O revolucionário é um comunista autêntico. O comunista não tem nada a ver com o egoísmo que consiste em reduzir tudo a si mesmo. Os revolucionários devem ter o espírito comunista de trabalhar e de viver "um por todos e todos por um", devem temperar-se no espírito do Partido, no espírito de classe e no espírito popular, que consiste em trabalhar para a classe operária e para todo o povo.

No fim de contas, quando os intelectuais não participam ativamente na organização do Partido e em todas as outras organizações, acabam por se corromper. São numerosos os exemplos deste tipo. Sublinho uma vez mais que todos os intelectuais, sejam eles velhos ou novos, devem reforçar a sua participação ativa na organização do Partido e nas outras organizações, a fim de desembaraçarem-se do liberalismo e das ideias pequeno-burguesas e temperarem-se em revolucionários.

Estabelecer o poder popular para servir as massas

Samora Machel

1974

Samora Machel foi um militar moçambicano, líder revolucionário de inspiração socialista, que liderou a Guerra da Independência de Moçambique e foi o primeiro presidente após a sua independência, de 1975 até à sua morte em 1986. Era conhecido como "Pai na Nação".

Celebramos neste ano de 1974 o 10º aniversário do desencadeamento da nossa luta armada. Dez anos durante os quais inúmeros militantes e o Povo aceitaram toda a espécie de sacrifícios e todo o tipo de privações, dez anos a superar dificuldades e a provarmos que somos capazes de alcançar a vitória.

[...]

Hoje, graças à nossa luta, um Poder novo constrói-se na nossa Pátria. Dez anos de Poder da FRELIMO não é muito. Jovens que somos assumimos responsabilidades que esmagam os velhos. O Poder dos exploradores tem centenas e milhares de anos de experiência, enquanto o nosso Poder é jovem e ao mesmo tempo tem de resolver os problemas que o Poder milenário dos exploradores nunca conseguiu. O Poder novo não é uma coisa abstrata. O Poder novo somos nós com todas as nossas insuficiências quem tem de o exercer.

A nossa responsabilidade é grande enquanto a nossa capacidade é ainda pequena. Mas temos uma grande vantagem que é decisiva: possuímos a linha de orientação correta, as massas estão conosco. Mas ao construirmos o nosso Poder, ao exercê-lo, trazemos em nós, nas ideias, nos hábitos e nos costumes, todas as deformações criadas pelo Poder antigo. Por isso continuamente temos que retificar os nossos métodos de trabalho, introduzir o bisturi da crítica e da autocrítica, para amputar a herança enorme, pesada e negativa que nos transmite a sociedade antiga.

Para este décimo aniversário que celebraremos em breve queremos analisar o nosso Poder, repensar a nossa atividade, estudar o que fizemos e o que resta para fazer e sobretudo corrigir as deformações. Começaremos por estudar, na primeira parte, o que é o Poder, o que exprime e que valores incarna. Analisaremos a diferença que existe na origem, natureza, métodos e objetivos entre o Poder colonial capitalista e o Poder Popular construído sob a direção da FRELIMO. Ao abordarmos esta questão crucial estaremos em condições de compreender a razão porque o conflito entre nós e o inimigo é de tal maneira antagónico que só a guerra o pode resolver. Com efeito, a edificação do Poder Popular que exprime a subida ao Poder duma nova classe, só é possível quando a classe anterior e o seu Poder são derrubados. E ao assumirmos esta noção que estamos em condições de verificar a impossibilidade de conciliar os nossos interesses com os do inimigo, através de pretensas autonomias ou de independências, que salvaguardam a essência do Estado colonial capitalista.

[...]

No processo do desenvolvimento histórico das sociedades, entre os homens foram forjadas diversas relações sociais. Na aurora da Humanidade, quando se opera a transição dos símios em homens, os seres pré-humanos viviam em bandos errantes dominados pela preocupação de sobreviver. A totalidade do esforço era consumida imediatamente e frequentemente ela não conseguia satisfazer as necessidades básicas. Os seres pré-humanos alimentavam-se de raízes, frutos selvagens e cadáveres de animais. Assim viveram durante centenas de milhares de anos os antepassados da Humanidade. A partir dum certo momento esses antepassados começam a utilizar ossos ou paus para escavarem as raízes, para caçar animais. Começam a utilizar instrumentos para produzirem a sua alimentação, a produção ainda que extremamente primitiva inicia-se, o símio dá lugar ao homem. A produção demarca o homem do animal e liberta o seu cérebro abrindo-lhe o caminho para o progresso.

Com o aparecimento da produção, numa primeira fase a colheita e caça, numa segunda fase a agricultura e a criação de gado, a Humanidade começa a desenvolver-se. Surge a divisão do trabalho, o melhoramento dos instrumentos de produção e das técnicas de produção. Com isso o esforço produtivo do homem já consegue produzir mais do que aquilo que ele próprio necessita para subsistir. A produção cria um excedente. O aparecimento de excedentes na produção fornece a base material, as condições objetivas para que surjam no seio da sociedade forças que procuram apropriar-se desses excedentes em detrimento dos que produziram. A sociedade divide-se em classes opostas, com interesses diferentes: uns querem apropriar-se do fruto do trabalho dos outros, enquanto estes últimos recusam. As relações humanas que até aquele momento eram de cooperação tornam-se relações de luta entre exploradores e explorados. É claro que todo este processo levou centenas de milhares de anos, não foi do dia para a noite que surgiram interesses opostos, classes antagónicas. Mas o fundamental é o processo.

Desde que na sociedade apareceram interesses diferentes e antagónicos, a questão do «Poder», o problema de saber quem deve decidir, que critérios usar para decidir quem favor de quem, tornou-se uma questão fundamental no seio da sociedade.

Um grupo determinado só poderá impor os seus interesses e fazer triunfar os seus objetivos, se possuir o controle da sociedade, por outras palavras se dirigir essa sociedade. Dirigir a sociedade significa organizar a sociedade para servir os interesses do grupo dirigente, impor a vontade deste grupo a todos os outros grupos, quer estejam de acordo ou não. Com o correr do tempo o grupo dirigente leva os outros grupos a considerarem a sua dominação como a melhor, a mais justa e a mais sábia, a que corresponde aos interesses de todos. Isto é assim até ao momento em que as novas forças no seio da sociedade tomam consciência dos seus interesses prejudicados pelo grupo dirigente, unem-se, lutam, derrubam o poder anterior e instalam o seu novo poder, reorganizando a sociedade para satisfazer os seus apetites.

Até a uma época recente da História da Humanidade, foram as diversas classes exploradoras — senhores de escravos, feudais, burgueses — quem sucessivamente dominou a sociedade e a organizou política, económica, ideológica, cultural, administrativa e juridicamente em seu favor. Assim foi porque as largas massas exploradas nem tinham a suficiente consciência de classe que as unisse, nem possuíam a ideologia capaz de lhes dar a visão do conjunto dos seus interesses e capaz de lhes fornecer a estratégia e táctica de luta adequadas para a conquista e exercício do poder.

Historicamente, a primeira vez que as largas massas exploradas, após várias tentativas fracassadas, conquistaram e exerceram o Poder, foi em 1870 em Paris. A Comuna de Paris foi esmagada ao fim de alguns meses pela coligação entre os reacionários franceses e os reacionários alemães, e 30 000 trabalhadores foram massacrados. Em 1917, finalmente, sob a direção de Lenine, as massas exploradas conquistaram o Poder na Rússia Tsarista e construíram a União Soviética, o Primeiro Estado no mundo com o Povo no Poder. A partir da vitória das forças democráticas na guerra anti-fascista. o Poder Popular estendeu-se a novos países como a China, a República Democrática da Coreia, e a República Democrática do Vietnam na Ásia. Na Europa o Poder Popular foi erigido em numerosos países tais como a

República Socialista da Roménia, a República Democrática Alemã, a República Socialista da Bulgária, etc.... Na América latina, com a vitória das forças populares em Cuba em 1959 instalou-se o primeiro Estado Popular no continente americano. A instalação do Poder Popular tornou-se uma realidade para perto de 1/3 da Humanidade. As zonas em que as massas trabalhadoras conquistaram o Poder, são conhecidas como «campo socialista» constituído hoje por 14 países.

No nosso país, senhores de escravos, feudais, reis, imperadores, dominaram a sociedade até à conquista colonial. A burguesia colonialista instalou-se então no poder e impôs a sua vontade a todas as camadas do país até ao momento em que a nossa luta começou a derrubá-la. A dominação sucessiva das diversas minorias exploradoras — a ditadura sobre as massas — é exercida sempre duma maneira mais ou menos camuflada a fim que as massas não compreendam a sua verdadeira situação e não se apercebam que estão sujeitas à opressão. No nosso país antes da conquista colonial, os régulos e Chefes tribais que exerciam o poder afirmavam que o seu poder representava a vontade dos antepassados.

[...]

Vimos já que num Estado explorador toda a máquina do Poder, as suas leis, a sua administração, tribunais, polícia, exército, têm o objetivo único de manter a exploração, servir os exploradores. O Estado, o Poder, as leis, não são técnicas ou instrumentos neutros que podem igualmente ser utilizados pelo inimigo e por nós. Por isso a questão decisiva não é a de substituir o pessoal europeu pelo pessoal africano. Da mesma maneira que os colonialistas têm o seu modo de combater e nós temos o nosso, eles têm a sua ciência militar e nós a nossa, assim nós temos o nosso poder, e eles têm o deles. Há um antagonismo entre, nós e eles sobre a origem, natureza, métodos e objetivos do Poder.

Não podemos fundar um Estado popular, com as suas leis e sua máquina administrativa, a partir dum Estado cujas leis, cuja máquina administrativa foi inteiramente concebida pelos exploradores para os servir. Não é governando com um Estado concebido para oprimir as massas que se pode servir as massas.

[...]

As massas populares compreenderam, o seu instinto de classe fez-lhes compreender esta questão: a Independência, a autonomia, concebidas pelo Imperialismo, pelo colonialismo, são tácticas destinadas a manterem tudo como antes, a manterem a exploração. Foi por isso, porque assumiram a defesa do seu poder, que as massas aceitam os sacrifícios mais heroicos para estender a luta e consolidar as zonas libertadas. Todas as ofensivas do inimigo, por mais furiosas e violentas, têm-se quebrado diante desta intransigência firme das massas em defenderem o seu poder.

Quando no nosso seio, entre 1967 e 1969, o grupo de novos exploradores tinha conseguido em grande medida paralisar a direção e começar a desviar o sentido da nossa luta para implantar de novo uma ditadura de exploradores, foi o povo, o instinto de classe das nossas massas laboriosas que assumindo o perigo que corríamos, deu às forças revolucionárias no seio da direção o apoio decisivo que nos conduziu à vitória.

O nosso Poder representa os interesses do nosso povo trabalhador, exprime a nossa vontade de expulsar o colonialismo e o imperialismo e criar uma sociedade nova sem exploração. O nosso poder é a expressão revolucionária da aliança que, defendendo os interesses da nossa classe camponesa e operária, une todas as camadas e grupos sociais, animados de espírito patriótico e democrático: operários, camponeses, trabalhadores das plantações e das serrações, das Concessões, trabalhadores das minas e caminhos de ferro, dos portos e indústrias, motoristas e mecânicos, intelectuais, técnicos e funcionários, estudantes e empregados, pequenos e médios comerciantes, etc... O poder que está a nascer traduz esta nova relação de forças que surge no nosso País, favorável à aliança popular. A antiga ditadura da minoria exploradora sobre o povo substitui-se o poder do povo, que se impõe a todas as forças colonialistas e classes reacionárias, o Poder da maioria esmagadora que submete a ínfima minoria e destrói a exploração.

O nosso Poder é diferente na forma e no conteúdo de tudo o que existiu no passado no nosso País. O Poder pertence ao povo, é exercido pelos seus autênticos representantes, para servir os interesses do povo.

Defender os quatro princípios cardeais

Deng Xiaoping

Março de 1979

Deng Xiaoping (1904–1997) foi o mais poderoso e influente dos líderes do Partido Comunista da China do início dos anos 1980 até sua morte. Ele foi um colega do presidente do Partido Comunista Mao Zedong durante a Longa Marcha, ou luta revolucionária. Nas décadas de 1960 e 1970, Deng foi banido para a obscuridade por ter defendido uma alternativa ao socialismo de Mao. Após a morte de Mao, os apoiadores de Deng conseguiram ajudá-lo a ganhar poder. Lidera então a China com as Quatro Modernizações, com reformas que utilizam o mercado para o desenvolvimento de forças produtivas, mantendo a ditadura do proletariado.

[...]

Sob a liderança correta do Comitê Central, o Partido, o exército e o povo estão novamente cheios de esperança confiante no futuro de nossa grande pátria socialista. Quem não reconhecer isso está fadado a cometer erros graves. Mas, ao mesmo tempo, enfrentamos algumas dificuldades bastante sérias, e a falta de reconhecimento disso também levará a erros graves. Em primeiro lugar, precisamos fazer uma avaliação sóbria da economia do nosso país, que há muito sofre com os danos de Lin Biao e da Gangue dos Quatro, e chegar a uma visão comum sobre o assunto. Na última década, não conseguimos livrar a economia dos graves desequilíbrios que impossibilitaram o alcance de uma taxa de crescimento elevada, estável e confiável. Parece que, no processo geral de avanço, nossa economia — isto é, nossa agricultura, indústria, construção de capital, serviços de transporte, comércio interno e externo, e bancos e finanças — precisa de um período de reajuste para passar de graus variáveis de desequilíbrio para um equilíbrio relativo. O reajuste atual é diferente daquele do início da década de 1960. Sendo feito em um momento de crescimento da economia, visa estabelecer uma base sólida para as quatro modernizações. No entanto, é necessário fazer um recuo parcial. Algumas metas irrealisticamente altas, que seriam mais prejudiciais do que benéficas, devem ser reduzidas resolutamente, e algumas empresas mal administradas, que operam com grandes prejuízos, devem ser consolidadas dentro de um determinado prazo ou até mesmo fechadas temporariamente para que a consolidação possa ser realizada. Precisamos dar um passo para trás para podermos dar dois passos para frente. Ao mesmo tempo, para alcançar as quatro modernizações, precisamos ser diligentes na solução de uma variedade de problemas relacionados à nossa estrutura econômica, e isso também envolve um amplo e complexo reajustamento. Se conseguirmos realizar com tranquilidade nossas tarefas para 1979, o primeiro ano do reajustamento, teremos feito um grande avanço, um bom começo para mudar o foco do nosso trabalho.

Quando há desproporções na economia, é necessário um reajuste correto para que ela progrida de forma constante; este fato é comprovado por nossa experiência histórica nos reajustes econômicos dos anos imediatamente posteriores à Libertação e do início da década de 1960. Devemos, portanto, dizer ao povo de toda a China que nenhum progresso poderá ser alcançado a menos que tal reajuste seja realizado e que, enquanto o processo estiver em andamento, todos devem ter plena confiança e cumprir os arranjos feitos pelo Partido e pelo governo. Deve-se reconhecer que, comparado ao reajuste do início da década de 1960, o atual apresenta muito mais condições a seu favor, mas também enfrenta algumas dificuldades. Durante o reajuste da década de 1960, a liderança em todos os níveis e o senso de organização e disciplina, tanto dentro quanto fora do Partido, eram melhores do que agora, quando há certos elementos de instabilidade política e ideológica. Atualmente, as diversas localidades enfrentam a enorme tarefa de resolver os problemas deixados por Lin Biao e a Gangue dos Quatro após sua década de conflitos. Sua influência venenosa — refletida particularmente no faccionalismo e no anarquismo — começou a se espalhar novamente entre uma pequena parcela da população, juntamente com dúvidas sobre o socialismo, a ditadura do proletariado, a liderança do Partido, o marxismo-leninismo e o pensamento maoista. E alguns de nossos quadros, confrontados com tarefas históricas inteiramente novas, não se libertaram suficientemente de velhas ideias, nem são bons em estudar as novas situações e resolver os novos problemas. Além disso, ainda somos atormentados pela força do hábito do pequeno produtor e pelos hábitos da burocracia. É bastante óbvio que, nessas circunstâncias, um amplo reajustamento pode ser acompanhado por pequenas ou grandes perturbações. Só podemos evitá-las se tivermos uma liderança forte e centralizada e um rigoroso senso de organização e disciplina, se intensificarmos nossos esforços para manter a ordem pública e política e educar as pessoas a esse respeito, e se aprimorarmos firmemente o estilo de trabalho no Partido e tomarmos novas medidas para restaurar suas belas tradições de buscar a verdade nos fatos, seguir a linha de massa e trabalhar arduamente. Caso contrário, essas perturbações poderão se tornar sérios obstáculos ao nosso programa de modernização desde o início. O Comitê Central decidiu agora criar uma Comissão Financeira e Econômica, chefiada pelos camaradas Chen Yun e Li Xiannian, que dará uma direção unificada ao trabalho financeiro e econômico e ao atual reajuste. O Comitê Central, o Conselho de Estado e os órgãos dirigentes em diversas localidades tomaram e continuarão a tomar medidas para fortalecer a ordem pública, consolidar a legalidade socialista e garantir a estabilidade e a unidade, promovendo resolutamente a democracia. Comissões de inspeção disciplinar foram estabelecidas pelo Comitê Central e pelas organizações locais do Partido. Sua principal tarefa é auxiliar o Comitê Central e os comitês locais do Partido a aprimorar seu estilo de trabalho. Temos plena confiança em nossa capacidade de superar os obstáculos temporários ao nosso avanço e liderar o Partido e o povo à vitória em nossa jornada de modernização.

Qual é a nossa principal tarefa no presente e por um longo período? Em suma, é executar o programa de modernização. O destino do nosso país e do nosso povo depende do seu sucesso. Dadas as nossas condições atuais, será precisamente através do sucesso nas quatro modernizações que aderiremos ao marxismo e manteremos alta a grande bandeira do Pensamento Mao Zedong. E se não partirmos dessa realidade e nos concentrarmos nas quatro modernizações, isso significará que estamos nos afastando do marxismo enquanto nos entregamos a conversas vazias sobre ele. No momento atual, a modernização socialista é de suprema importância política para nós, porque representa o interesse mais fundamental do nosso povo. Hoje, cada membro do Partido Comunista e da Liga da Juventude Comunista e cada cidadão patriota deve dedicar todas as suas energias ao esforço de modernização e fazer tudo o que puder para superar todas as dificuldades sob a liderança unificada do Partido e do governo.

Alcançar as quatro modernizações e tornar a China um poderoso país socialista antes do final deste século será uma tarefa gigantesca. Em nossa revolução democrática, tivemos que agir de acordo com a situação específica da China e seguir o caminho descoberto pelo Camarada Mao Zedong de cercar as cidades a partir das áreas rurais. Agora, em nossa construção nacional, devemos igualmente agir de acordo com nossa própria situação e encontrar um caminho chinês para a modernização.

Pelo menos duas características importantes da nossa situação devem ser levadas em conta para realizar as quatro modernizações na China.

Em primeiro lugar, partimos de uma base frágil. Os danos infligidos durante um longo período pelas forças do imperialismo, do feudalismo e do capitalismo burocrático reduziram a China a um estado de pobreza e atraso. No entanto, desde a fundação da República Popular, alcançamos sucessos significativos na construção econômica, estabelecemos um sistema industrial bastante abrangente e formamos um corpo de pessoal técnico. Da Libertação até o ano passado, a taxa média anual de crescimento da nossa indústria e agricultura foi bastante elevada para os padrões mundiais. No entanto, devido ao nosso baixo ponto de partida, a China continua a ser um dos países pobres do mundo. As nossas forças científicas e tecnológicas estão longe de ser adequadas. De um modo geral, estamos 20 a 30 anos atrás dos países avançados no desenvolvimento da ciência e da tecnologia. Nas últimas três décadas, a nossa economia passou por reveses. A devastação causada por Lin Biao e a Gangue dos Quatro na década de 1966-76 teve consequências particularmente graves. O nosso atual reajuste visa precisamente eliminar essas consequências.

Em segundo lugar, temos uma grande população, mas não temos terra arável suficiente. Da população chinesa de mais de 900 milhões, 80% são camponeses. Embora haja vantagens em ter uma grande população, também há desvantagens. Quando a produção é insuficientemente desenvolvida, isso representa sérios problemas em relação à alimentação, educação e emprego. Devemos aumentar significativamente nossos esforços em planejamento familiar; mas mesmo que a população não cresça por vários anos, ainda teremos um problema populacional por um certo período. Nosso vasto território e ricos recursos naturais são grandes ativos. Mas muitos desses recursos ainda não foram pesquisados e explorados, portanto, não constituem meios de produção reais. Apesar do vasto território da China, a quantidade de terra arável é limitada, e nem esse fato nem o fato de termos uma grande população, majoritariamente camponesa, podem ser facilmente alterados. Esta é uma característica distintiva que devemos levar em consideração ao executar nosso programa de modernização.

O que quero abordar agora são questões ideológicas e políticas. O Comitê Central sustenta que, para implementar as quatro modernizações da China, precisamos defender os Quatro Princípios Cardeais, ideológica e politicamente. Este é o pré-requisito básico para alcançar a modernização. Os quatro princípios são:

1. Devemos seguir o caminho socialista.
2. Devemos defender a ditadura do proletariado.
3. Devemos apoiar a liderança do Partido Comunista.
4. Devemos defender o marxismo-leninismo e o pensamento de Mao Zedong.

Como todos sabemos, longe de serem novos, esses Quatro Princípios Cardeais são defendidos há muito tempo pelo nosso Partido. O Comitê Central tem aderido a esses princípios em todas as suas diretrizes e políticas adotadas desde a dissolução da Gangue dos Quatro, e especialmente desde a Terceira Sessão Plenária do Décimo Primeiro Comitê Central.

[...]

Primeiro, devemos manter o caminho socialista. Algumas pessoas agora dizem abertamente que o socialismo é inferior ao capitalismo. Devemos demolir essa alegação. Em primeiro lugar, o socialismo e somente o socialismo podem salvar a China — esta é a conclusão histórica inabalável que o povo chinês extraiu de sua própria experiência nos 60 anos desde o Movimento de 4 de Maio [1919]. Desvie-se do socialismo e a China inevitavelmente regredirá ao semifeudalismo e ao semicolonialismo. A esmagadora maioria do povo chinês jamais permitirá tal retrocesso. Em segundo lugar, embora seja um fato que a China socialista esteja atrasada em relação aos países capitalistas desenvolvidos em sua economia, tecnologia e cultura, isso não se deve ao sistema socialista, mas basicamente ao desenvolvimento histórico da China antes da Libertação; é o resultado do imperialismo e do feudalismo. A revolução socialista reduziu significativamente a lacuna no desenvolvimento econômico entre a China e os países capitalistas avançados. Apesar dos nossos erros, nas últimas três décadas, fizemos progressos numa escala que a velha China não conseguiria alcançar em centenas ou mesmo milhares de anos. A nossa economia atingiu uma taxa de crescimento bastante elevada. Agora que somamos a experiência e corrigimos os erros, ela, sem dúvida, desenvolver-se-á mais rapidamente do que a economia de qualquer país capitalista, e o desenvolvimento será estável e sustentado. É claro que levará um período considerável de tempo para que o valor da nossa produção nacional per capita alcance e supere o dos países capitalistas desenvolvidos. Em terceiro lugar, perguntemo-nos: qual é melhor, o sistema socialista ou o sistema capitalista? É claro que o sistema socialista é melhor. Em certas circunstâncias, um país socialista pode cometer erros graves e até mesmo experimentar grandes reveses como a devastação causada por Lin Biao e a Gangue dos Quatro. Naturalmente, isso tem as suas causas subjetivas, mas basicamente deve-se a influências herdadas da velha sociedade com a sua longa história, influências que não podem ser varridas da noite para o dia. Países capitalistas com uma longa história feudal — como Grã-Bretanha, França, Alemanha, Japão e Itália — todos experimentaram grandes reveses e retrocessos em diferentes momentos (restaurações contrarrevolucionárias ocorreram na Grã-Bretanha e na França, enquanto Alemanha, Japão e Itália tiveram períodos de governo fascista). Mas, confiando no sistema socialista e em nossa própria força, derrubamos Lin Biao e a Gangue dos Quatro sem muita dificuldade e rapidamente colocamos nosso país de volta no caminho da estabilidade, unidade e desenvolvimento saudável. A economia socialista é baseada na propriedade pública, e a produção socialista é projetada para atender às necessidades materiais e culturais das pessoas na máxima extensão possível — não para explorá-las. Essas características do sistema socialista tornam possível que o povo de nosso país compartilhe ideais políticos, econômicos e sociais e padrões morais comuns. Tudo isso jamais poderia acontecer em uma sociedade capitalista. Não há como o capitalismo eliminar a extração de superlucros por seus milionários ou se livrar da exploração, da pilhagem e das crises econômicas. Ele jamais poderá gerar ideais e padrões morais comuns, nem se livrar de crimes hediondos, da degradação moral e do desespero. Por outro lado, o capitalismo já tem uma história de centenas de anos, e precisamos aprender com os povos dos países capitalistas. Devemos fazer uso da ciência e da tecnologia que eles desenvolveram e dos elementos em seu conhecimento e experiência acumulados que podem ser adaptados ao nosso uso. Embora importemos tecnologia avançada e outras coisas úteis para nós dos países capitalistas — seletivamente e de acordo com um plano —, jamais aprenderemos ou importaremos o próprio sistema capitalista, nem nada repulsivo ou decadente. Se os países capitalistas desenvolvidos se livrassem do sistema capitalista, sua economia e cultura certamente progrediriam mais. É por isso que as forças políticas progressistas nos países capitalistas estão tentando estudar e propagar o socialismo e lutando para eliminar as injustiças e os fenômenos irracionais endêmicos da sociedade capitalista e para realizar a revolução socialista. Devemos apresentar ao nosso povo, e particularmente à nossa juventude, tudo o que é progressista e útil nos países capitalistas, e devemos criticar tudo o que é reacionário e decadente.

Em segundo lugar, devemos defender a ditadura do proletariado. Fizemos muita propaganda explicando que a ditadura do proletariado significa democracia socialista para o povo, democracia desfrutada pelos operários, camponeses, intelectuais e outros trabalhadores, a democracia mais ampla que já existiu na história. No passado, não praticamos a democracia o suficiente e cometemos erros. Lin Biao e a Gangue dos Quatro, enquanto promoviam sua chamada «ditadura geral», exerceram uma ditadura feudal-fascista sobre o povo. Esmagamos essa ditadura, que nada tinha em comum com a ditadura do proletariado, mas era seu oposto diametral. Agora corrigimos os erros do passado e adotamos muitas medidas para expandir constantemente a democracia no Partido e entre o povo. Sem democracia não pode haver socialismo nem modernização socialista. É claro que a democratização, assim como a modernização, deve avançar passo a passo. Quanto mais o socialismo se desenvolve, mais a democracia deve se desenvolver. Isso é inquestionável. No entanto, o desenvolvimento da democracia socialista não significa de forma alguma que possamos prescindir da ditadura do proletariado sobre forças hostis ao socialismo. Opomo-nos à ampliação do escopo da luta de classes. Não acreditamos que exista uma burguesia dentro do Partido, nem acreditamos que, sob o sistema socialista, uma burguesia ou qualquer outra classe exploradora ressurja depois que as classes exploradoras e as condições de exploração tenham sido realmente eliminadas. Mas devemos reconhecer que em nossa sociedade socialista ainda existem contrarrevolucionários, agentes inimigos, criminosos e outros elementos malignos de todos os tipos que minam a ordem pública socialista, bem como novos exploradores que se envolvem em corrupção, peculato, especulação e lucro. E devemos também reconhecer que tais fenômenos não podem ser totalmente eliminados por muito tempo. A luta contra esses indivíduos é diferente da luta de uma classe contra outra, que ocorreu no passado (esses indivíduos não podem formar uma classe coesa e aberta). No entanto, continua sendo uma forma especial de luta de classes ou uma forma especial do que sobrou, em condições socialistas, das lutas de classes da história passada. Ainda é necessário exercer a ditadura sobre todos esses elementos antissocialistas, e a democracia socialista é impossível sem ela. Essa ditadura é uma luta interna e, em alguns casos, também uma luta internacional; na verdade, os dois aspectos são inseparáveis. Portanto, enquanto existir a luta de classes e enquanto existirem o imperialismo e o hegemonismo, é inconcebível que a função ditatorial do Estado desapareça, que o exército permanente, os órgãos de segurança pública, os tribunais e as prisões desapareçam. Sua existência não está em contradição com a democratização do Estado socialista, pois seu trabalho correto e eficaz assegura, em vez de dificultar, essa democratização. O fato é que o socialismo não pode ser defendido ou construído sem a ditadura do proletariado.

Em terceiro lugar, devemos defender a liderança do Partido Comunista. Desde o início do movimento comunista internacional, tem sido demonstrado que sua sobrevivência é impossível sem os partidos políticos do proletariado. Além disso, desde a Revolução de Outubro, ficou claro que, sem a liderança de um Partido Comunista, a revolução socialista, a ditadura do proletariado e a construção socialista seriam impossíveis. Lênin disse: «A ditadura do proletariado é uma luta persistente — sangrenta e incruenta, violenta e pacífica, militar e econômica, educacional e administrativa — contra as forças e tradições da velha sociedade... Sem um partido de ferro temperado na luta, sem um partido que goze da confiança de tudo o que é honesto na classe em questão, sem um partido capaz de observar e influenciar o humor das massas, é impossível conduzir tal luta com sucesso.» Esta verdade enunciada por Lênin permanece válida hoje. Em nosso país, nos 60 anos desde o Movimento de 4 de Maio, nenhum outro partido político além do Partido Comunista da China se integrou às massas trabalhadoras da maneira descrita por Lenin. Sem o Partido Comunista Chinês, não haveria uma nova China socialista. Os delitos de Lin Biao e da Gangue dos Quatro despertaram a oposição resoluta de todo o povo chinês, bem como de todo o Partido, precisamente porque Lin Biao e a Gangue rejeitaram o Partido Comunista Chinês, a força dirigente há muito testada e comprovada que mantém laços de carne e osso com as massas. E se o prestígio do Partido entre o povo em todo o país aumentou desde a queda da Gangue dos Quatro, e particularmente desde a Terceira Sessão Plenária do Décimo Primeiro Comitê Central, é precisamente porque toda a nação deposita todas as suas esperanças para o futuro na liderança do Partido. Embora o movimento de massas de 1976, que culminou no incidente na Praça da Paz Celestial, onde o povo se reuniu para lamentar a morte do premiê Zhou Enlai, não tenha sido liderado pelo Partido em termos organizacionais, apoiou firmemente a liderança do Partido e se opôs à Gangue dos Quatro. A consciência revolucionária das massas naquele movimento era inseparável da educação dada pelo Partido ao longo dos anos, e foram precisamente os membros do Partido e da Liga da Juventude Comunista os principais ativistas entre eles. Portanto, não devemos, em hipótese alguma, considerar o movimento de massas na Praça da Paz Celestial como puramente espontâneo, como o Movimento de 4 de Maio, que não teve nenhuma ligação com a liderança do Partido. Na realidade, sem o Partido Comunista Chinês, quem organizaria a economia, a política, os assuntos militares e a cultura socialistas da China, e quem organizaria as quatro modernizações? Na China de hoje, jamais podemos prescindir da liderança do Partido e exaltar a espontaneidade das massas. A liderança do Partido, é claro, não é infalível. E o problema de como o Partido pode manter laços estreitos com as massas e exercer uma liderança correta e eficaz ainda é algo que devemos estudar seriamente e tentar resolver. Mas isso jamais poderá servir de pretexto para exigir o enfraquecimento ou a liquidação da liderança do Partido. Nosso Partido cometeu muitos erros, mas, em cada uma delas, os erros foram corrigidos apoiando-se na organização do Partido, e não descartando-a. O atual Comitê Central é persistente na promoção da democracia no Partido e entre o povo e está determinado a corrigir os erros do passado. Nessas circunstâncias, seria ainda mais intolerável para as massas do nosso povo exigir a liquidação ou mesmo o enfraquecimento da liderança do Partido. De fato, ceder a essa demanda só levaria ao anarquismo e à desorganização e ruína da causa socialista. Lin Biao e a Gangue dos Quatro, como eles mesmos disseram, expulsaram os comitês do Partido para «fazer a revolução», e é claro para todos que tipo de revolução eles fizeram. Se hoje tentássemos alcançar a democracia expulsando os comitês do Partido, não é igualmente claro que tipo de democracia produziríamos? Em 1966, a economia chinesa, após alguns anos de reajustamento, estava em condições de se desenvolver rapidamente. Mas Lin Biao e a Gangue dos Quatro causaram-lhe graves danos. Somente agora, sob a liderança do Comitê Central e do Conselho de Estado, nossa economia retornou ao caminho do crescimento sólido. Se um punhado de pessoas puder novamente chutar os comitês do Partido e causar problemas, as quatro modernizações desaparecerão no ar. Esta não é uma afirmação exagerada que estou fazendo para assustar as pessoas; é a verdade objetiva corroborada por uma riqueza de fatos. Sob a liderança do Comitê Central e do Conselho de Estado, nossa economia retornou ao caminho do crescimento sólido. Se um punhado de pessoas puder novamente afastar os comitês do Partido e causar problemas, as quatro modernizações desaparecerão no ar. Esta não é uma afirmação exagerada que estou fazendo para assustar as pessoas; é a verdade objetiva corroborada por uma profusão de fatos. Sob a liderança do Comitê Central e do Conselho de Estado, nossa economia retornou ao caminho do crescimento sólido. Se um punhado de pessoas puder novamente afastar os comitês do Partido e causar problemas, as quatro modernizações desaparecerão no ar. Esta não é uma afirmação exagerada que estou fazendo para assustar as pessoas; é a verdade objetiva corroborada por uma profusão de fatos.

Em quarto lugar, devemos defender o marxismo-leninismo e o pensamento Mao Tsé-Tung. Um dos pontos-chave da nossa luta contra Lin Biao e a Gangue dos Quatro foi a oposição à falsificação, à manipulação e à fragmentação do marxismo-leninismo e do pensamento Mao Tsé Tung. Desde a destruição da Gangue dos Quatro, restauramos o caráter científico do marxismo-leninismo e do pensamento Mao Tsé Tung e nos guiamos por eles. Esta é uma vitória retumbante para todo o Partido e para o povo. Mas alguns indivíduos pensam o contrário. Ou se opõem abertamente aos princípios básicos do marxismo-leninismo, ou defendem o marxismo-leninismo apenas em palavras, enquanto na prática se opõem ao pensamento Mao Tsé Tung, que representa a integração da verdade universal do marxismo-leninismo com a prática da revolução chinesa. Devemos nos opor a essas correntes errôneas de pensamento. Alguns camaradas dizem que devemos defender o «pensamento Mao Tsé Tung correto», mas não o «pensamento Mao Tsé Tung errôneo». Esse tipo de afirmação também é errôneo. O que consistentemente tomamos como guia para a ação são os princípios básicos do marxismo-leninismo e do pensamento maoísta ou, em outras palavras, o sistema científico formado por esses princípios. No que diz respeito a teses individuais, nem Marx e Lenin, nem o camarada Mao poderiam estar imunes a julgamentos equivocados de um tipo ou de outro. Mas estes não pertencem ao sistema científico formado pelos princípios básicos do marxismo-leninismo e do pensamento maoísta.

Agora, quero falar longamente sobre o Pensamento Mao Zedong. A revolução anti-imperialista e antifeudal da China sofreu inúmeras derrotas cruéis. Não foi o Pensamento Mao Zedong que permitiu ao povo chinês — cerca de um quarto da população mundial — encontrar o caminho certo para sua revolução, alcançar a libertação nacional em 1949 e, basicamente, realizar a transformação socialista em 1956? Essa sucessão de esplêndidas vitórias mudou não apenas o destino da China, mas também a situação mundial. Do ponto de vista internacional, o Pensamento Mao Zedong está inseparavelmente ligado à luta contra o hegemonismo; e a prática do hegemonismo sob a bandeira do socialismo é uma traição flagrante aos princípios socialistas por parte de um partido marxista-leninista após sua chegada ao poder. Como já mencionei, no final de sua vida, o Camarada Mao Zedong formulou a estratégia de diferenciar os três mundos e inaugurou pessoalmente uma nova etapa nas relações sino-americanas e sino-japonesas. Ao fazê-lo, ele criou novas condições para o desenvolvimento da luta mundial contra o hegemonismo e para o futuro da política mundial. Ao conduzir nosso programa de modernização no atual ambiente internacional, não podemos deixar de recordar as contribuições do Camarada Mao. O Camarada Mao, como qualquer outro homem, teve seus defeitos e cometeu erros. Mas como esses erros em sua ilustre vida podem ser comparados às suas imortais contribuições ao povo? Ao analisar seus defeitos e erros, certamente devemos reconhecer sua responsabilidade pessoal, mas o mais importante é analisar seu complexo contexto histórico. Essa é a única maneira justa e científica — isto é, marxista — de avaliar a história e as figuras históricas. Qualquer um que se afaste do marxismo em uma questão tão séria será censurado pelo Partido e pelas massas. Não é natural?

O Pensamento Mao Zedong tem sido a bandeira da revolução chinesa. É e sempre será a bandeira da causa socialista da China e da causa anti-hegemônica. Em nossa marcha, sempre ergueremos a bandeira do Pensamento Mao Zedong. A causa e o pensamento do Camarada Mao Zedong não são apenas seus: são também os de seus companheiros de armas, o Partido e o povo. Seu pensamento é a cristalização da experiência da luta revolucionária do povo chinês ao longo de meio século. O caso de Karl Marx foi semelhante. Em sua avaliação de Marx, Friedrich Engels disse que foi somente graças a Marx que o proletariado contemporâneo tomou consciência pela primeira vez de sua própria posição e reivindicações e das condições necessárias para sua própria libertação. Isso significa que a história é feita por qualquer indivíduo? A história é feita pelo povo, mas isso não impede o povo de respeitar um indivíduo excepcional. É claro que esse respeito não deve se transformar em adoração cega. Nenhum homem deve ser considerado um semideus.

Em suma, para alcançar as quatro modernizações, devemos manter o caminho socialista, defender a ditadura do proletariado, defender a liderança do Partido Comunista e defender o marxismo-leninismo e o pensamento de Mao Zedong. O Comitê Central considera que devemos agora enfatizar repetidamente a necessidade de defender esses quatro princípios cardeais, porque certas pessoas (mesmo que sejam poucas) estão tentando miná-los. Tais tentativas não podem ser toleradas de forma alguma. Nenhum membro do Partido e, desnecessário dizer, nenhum trabalhador ideológico ou teórico do Partido deve jamais vacilar, nem um pouco, nessa posição básica. Minar qualquer um dos quatro princípios cardeais é minar toda a causa do socialismo na China, toda a causa da modernização. Será que o Comitê Central está fazendo tempestade em copo d›água ao adotar essa visão da questão? Não, não está. Diante dos acontecimentos atuais, o Partido não tem escolha.

[...]

Em Xangai, existe o chamado Fórum da Democracia. Alguns de seus membros caluniaram o Camarada Mao Zedong e penduraram grandes cartazes contrarrevolucionários proclamando que «a ditadura do proletariado é a fonte de todos os males» e que é necessário «criticar resoluta e completamente o Partido

Comunista da China». Alegam que o capitalismo é melhor que o socialismo e que, portanto, em vez de implementar as quatro modernizações, a China deveria introduzir o que chamam de «reforma social», com o que querem dizer que deveria recorrer ao capitalismo. Declaram publicamente que sua tarefa é acertar contas com aqueles que a Gangue dos Quatro chamou de «via capitalista», mas com os quais não conseguiu lidar. Alguns deles pediram para ir ao exterior em busca de asilo político e alguns até fizeram contato clandestino com os serviços secretos do Kuomintang, tramando sabotagem.

É óbvio que essas pessoas estão dispostas a usar todos os meios para atrapalhar nossos esforços para mudar o foco do nosso trabalho para a modernização. Se ignorássemos esses graves problemas, nossos órgãos do Partido e do governo, em vários níveis, ficariam tão sobrecarregados que se tornariam impossíveis de funcionar. Como, então, poderíamos nos concentrar nas quatro modernizações?

É verdade que existem pouquíssimos incidentes desse tipo e que a esmagadora maioria do nosso povo os desaprova. No entanto, eles merecem nossa séria atenção. Primeiro, esses encrenqueiros geralmente dizem que falam em nome da democracia, uma alegação que facilmente engana as pessoas. Segundo, aproveitando-se dos problemas sociais remanescentes da época em que Lin Biao e a Gangue dos Quatro dominavam, eles podem enganar algumas pessoas que enfrentam dificuldades que o governo não pode ajudar a resolver no momento. Terceiro, os encrenqueiros começaram a formar todos os tipos de organizações secretas ou semisecretas que buscam estabelecer contato entre si em escala nacional e, ao mesmo tempo, colaborar com forças políticas em Taiwan e no exterior. Quarto, algumas dessas pessoas trabalham em estreita colaboração com organizações de gângsteres e seguidores da Gangue dos Quatro, tentando expandir o escopo de sua sabotagem. Quinto, eles fazem tudo o que podem para usar como pretexto — ou como escudo — declarações indiscretas de um tipo ou de outro feitas por alguns de nossos camaradas. Tudo isso demonstra que a luta contra esses indivíduos não é uma questão simples que possa ser resolvida rapidamente. Devemos nos esforçar para distinguir claramente entre as pessoas (muitas delas jovens inocentes) e os contrarrevolucionários e os elementos malignos que as enganaram, e com os quais devemos lidar com severidade e de acordo com a lei. Ao mesmo tempo, devemos educar os camaradas de todo o Partido sobre a necessidade de intensificar sua vigilância, tendo em mente os interesses do país como um todo e se unindo sob a liderança do Comitê Central. Devemos incentivá-los a continuar a emancipação de suas mentes e a promover consistentemente a democracia, para que possam mobilizar todas as forças positivas e, ao mesmo tempo, se esforçar para esclarecer a confusão ideológica entre uma pequena parcela da população, especialmente os jovens.

Devemos fazer um esforço especial para explicar claramente a questão da democracia ao povo, e à nossa juventude em particular. O caminho socialista, a ditadura do proletariado, a liderança do Partido Comunista, o marxismo-leninismo e o pensamento Mao Zedong — tudo isso está ligado à democracia. De que tipo de democracia o povo chinês precisa hoje? Só pode ser uma democracia socialista, uma democracia popular, e não uma democracia burguesa, uma democracia individualista. A democracia popular é inseparável da ditadura sobre o inimigo e do centralismo baseado na democracia. Praticamos o centralismo democrático, que é a integração do centralismo baseado na democracia com a democracia sob a orientação do centralismo. O centralismo democrático é parte integrante do sistema socialista. Sob este sistema, os interesses pessoais devem ser subordinados aos coletivos, os interesses da parte aos do todo, e os interesses imediatos aos de longo prazo. Em outras palavras, os interesses limitados devem ser subordinados aos interesses gerais, e os interesses menores aos maiores. Nossa defesa e prática desses princípios não significam de forma alguma que possamos ignorar interesses pessoais, locais ou imediatos. Em última análise, sob o sistema socialista, há uma unidade de interesses pessoais e interesses coletivos, de interesses da parte e do todo, e de interesses imediatos e de longo prazo. Devemos ajustar as relações entre esses vários tipos de interesses de acordo com o princípio de levá-los todos em devida consideração. Se fizéssemos o oposto e buscássemos interesses pessoais, locais ou imediatos em detrimento dos demais, ambos os conjuntos de interesses inevitavelmente sofreriam. Em última análise, as relações entre democracia e centralismo e entre direitos e deveres são as expressões políticas e jurídicas das relações entre esses diversos interesses. É precisamente por isso que o Camarada Mao Zedong disse que nosso objetivo é criar uma situação política na qual tenhamos centralismo e democracia, disciplina e liberdade, unidade de vontade e tranquilidade e vivacidade pessoal. Essa é a situação política que existe quando há uma verdadeira democracia socialista — a situação que devemos nos esforçar para criar hoje e nos próximos anos.

Não propagamos e praticamos a democracia o suficiente, e nossos sistemas e instituições deixam muito a desejar. A promoção constante da democracia é, portanto, um objetivo firme e de longo prazo do Partido. No entanto, ao propagar a democracia, devemos distinguir rigorosamente entre a democracia socialista, por um lado, e a democracia burguesa e individualista, por outro. Devemos vincular a democracia para o povo à ditadura sobre o inimigo, ao centralismo, à legalidade, à disciplina e à liderança do Partido Comunista. Atualmente, quando nos deparamos com múltiplas dificuldades em nossa vida econômica, que só podem ser superadas por uma série de reajustes e pela consolidação e reorganização, é particularmente necessário enfatizar publicamente a importância de subordinar os interesses pessoais aos coletivos, os interesses da parte aos do todo e os interesses imediatos aos de longo prazo. Somente quando todos — dentro ou fora do Partido, em posição de liderança ou na base — estiverem preocupados com os interesses gerais, seremos capazes de superar nossas dificuldades e garantir um futuro brilhante para as quatro modernizações. Por outro lado, o afastamento dos quatro princípios cardeais e a discussão sobre democracia em abstrato levarão inevitavelmente à disseminação desenfreada da ultrademocracia e do anarquismo, à completa ruptura da estabilidade e unidade políticas e ao fracasso total do nosso programa de modernização. Se isso acontecer, a década de luta contra Lin Biao e a Gangue dos Quatro terá sido em vão, a China mergulhará novamente no caos, na divisão, no retrocesso e na escuridão, e o povo chinês será privado de toda esperança. Este é um assunto de profunda preocupação não apenas para o povo chinês, independentemente da nacionalidade, mas também para todos os que desejam ver a China forte no exterior, e mesmo para aqueles que desejam apenas expandir o comércio com a China.

Gostaria de levantar aqui a questão dos padrões de conduta social. Graças à correta liderança do Partido e do governo, esses padrões permaneceram bastante sólidos em nosso país por uma década ou mais após a fundação da República Popular. A maioria dos jovens que cresceram sob a educação do Partido tinha ideais elevados, amavam ardentemente a pátria socialista, respondiam ativamente aos apelos do Partido e do governo, defendiam os interesses do povo, ajudavam a salvaguardar a ordem pública e, em geral, demonstravam um excelente espírito de dedicação e disciplina. Esse tipo de conduta por parte dos jovens teve uma boa influência na conduta de outros membros da sociedade e vice-versa. E isso conquistou o elogio de estrangeiros, bem como do nosso próprio povo. No entanto, na década da Revolução Cultural, Lin Biao e a Gangue dos Quatro mergulharam nosso Partido, governo e sociedade no caos, envenenaram as mentes de muitos jovens e causaram graves danos aos padrões morais socialistas. A situação melhorou consideravelmente desde a queda da Gangue dos Quatro, mas não devemos subestimar os resíduos de sua influência perniciosa em certas esferas. A situação atual é totalmente incompatível com as exigências da mudança de foco no trabalho do Partido. Incentivamos o contato normal entre chineses e estrangeiros, pois é essencial para o crescimento da compreensão e da amizade entre nosso povo e outros povos, bem como para a aquisição de tecnologia e recursos estrangeiros. Haverá um grande aumento desse contato no futuro. No entanto, alguns fenômenos prejudiciais surgiram entre um pequeno número de jovens, porque não os educamos ou orientamos adequadamente. Alguns jovens admiram cegamente os países capitalistas e alguns até demonstram um flagrante desrespeito à dignidade nacional e pessoal em seu contato com estrangeiros. Esta é uma questão que requer nossa séria atenção. É imperativo que eduquemos nossa geração mais jovem, tomemos medidas eficazes em todas as esferas para elevar os padrões de conduta social e lidar com severidade com comportamentos ofensivos que os rebaixam seriamente.

Para elevar os padrões de conduta social, precisamos, antes de tudo, aprimorar o estilo de trabalho do Partido, e isso exige, em particular, que os camaradas dirigentes do Partido em todos os níveis deem um bom exemplo. O Partido é um modelo para toda a nossa sociedade, e os camaradas dirigentes do Partido em todos os níveis são modelos para todo o nosso Partido. Se a organização do Partido ignora as opiniões e os interesses das massas, como pode esperar conquistar a confiança e o apoio delas para sua liderança? Se os quadros dirigentes do Partido não estabelecem padrões rígidos para si mesmos e não observam a disciplina partidária e as leis do Estado, como se pode esperar que contribuam para a reforma dos padrões de conduta social? Como podem fazê-lo se, em violação aos princípios do Partido, se envolvem em faccionismo, usam suas posições para obter privilégios pessoais, apropriam-se de vantagens por meio de conexões ou influência, entregam-se à extravagância e ao desperdício e buscam ganho pessoal em detrimento do interesse público? Como poderão fazê-lo se não compartilham as alegrias e tristezas das massas, se recusam a ser os primeiros a suportar as dificuldades e os últimos a desfrutar do conforto, desobedecem às decisões da organização do Partido e rejeitam a supervisão das massas, ou mesmo retaliam contra aqueles que os criticam? No atual período de mudança histórica, quando os problemas se acumulam e mil coisas aguardam por serem feitas, é crucial que fortaleçamos a liderança do Partido e corrijamos seu estilo de trabalho. O camarada Mao Zedong disse: «Uma vez que o estilo de trabalho do nosso Partido esteja completamente corrigido, o povo de todo o país aprenderá com o nosso exemplo. Aqueles de fora do Partido que têm o mesmo tipo de mau estilo, se forem pessoas boas e honestas, aprenderão com o nosso exemplo e corrigirão seus erros, e assim toda a nação será influenciada.» Somente se aprimorarmos o estilo de trabalho do Partido, os padrões de conduta social poderão ser aprimorados e os quatro princípios cardeais serão mantidos.

Há algo que eu tenha dito aqui que não esteja em consonância com o espírito da Terceira Sessão Plenária do Décimo Primeiro Comitê Central do Partido? Não, tudo o que eu disse se refere a medidas que devem ser tomadas para implementar os princípios e políticas estabelecidos naquela sessão. Permitam-me repetir: se não adotarmos essas medidas, esses princípios e políticas serão em vão. Assim como nosso esforço para mudar o foco do nosso trabalho, assim como nosso programa de modernização e assim como a promoção da democracia dentro e fora do Partido. Portanto, é completamente errado dizer, como alguns disseram, que o Comitê Central decidiu por uma política de «endurecimento» ou que mudou sua política de promoção da democracia. Somente defendendo os quatro princípios cardeais aos quais nosso Partido sempre aderiu e corrigindo firmemente as tendências prejudiciais que impedem a implementação dos princípios e políticas estabelecidos na Terceira Sessão Plenária poderemos avançar firme e vitoriosamente em direção ao nosso grande objetivo.

[...]

Muitas questões surgiram nas discussões entre teóricos nos últimos meses. Muitas delas precisam de estudo contínuo. Gostaria de expressar aqui minha opinião sobre algumas das mais urgentes.

1. Sobre as contradições básicas da sociedade socialista e a principal contradição no período atual. Em relação às contradições básicas, penso que ainda é melhor colocar a questão como o Camarada Mao Zedong fez em seu «Sobre o Tratamento Correto das Contradições entre o Povo». Ele escreveu: «Na sociedade socialista, as contradições básicas ainda são aquelas entre as relações de produção e as forças produtivas e entre a superestrutura e

a base econômica». Ele fez uma longa declaração a esse respeito, que não repetirei aqui. É claro que apontar as contradições básicas não resolve automaticamente o problema, e um estudo aprofundado e concreto ainda é necessário. Mas, a julgar pela prática dos últimos 20 anos, aproximadamente, a formulação do Camarada Mao é mais precisa do que outras. Quanto à questão de qual é a principal contradição no período atual — qual é a principal questão ou tarefa central que o Partido e o povo enfrentam no período atual —, na verdade, essa questão foi respondida pela decisão da Terceira Sessão Plenária do Décimo Primeiro Comitê Central de mudar o foco do nosso trabalho para a modernização socialista. O nível das nossas forças produtivas é muito baixo e está longe de atender às necessidades do nosso povo e do nosso país. Esta é a principal contradição do período atual, e resolvê-la é a nossa tarefa central.

2. Sobre a luta de classes na sociedade socialista. Abordei essa questão anteriormente ao discutir a ditadura do proletariado. A luta de classes existe objetivamente na sociedade socialista. Ela não deve ser subestimada nem exagerada. Caso contrário, como a prática tem demonstrado, cometeremos erros graves. O problema de saber se a luta de classes, de um tipo ou de outro, sempre existiu ao longo de todo o período histórico do socialismo envolve muitas questões complexas e difíceis, tanto de teoria quanto de prática, e elas não podem ser respondidas apenas citando livros de nossos predecessores. Devemos continuar a estudar essas questões. Mas, para resumir, a luta de classes na sociedade socialista atualmente é, e continuará sendo, claramente diferente daquela nas sociedades de classes históricas. Este também é um fato objetivo que não podemos negar se quisermos evitar erros graves.
3. Sobre a revolução contínua sob a ditadura do proletariado. A prática demonstrou que esta formulação está errada se for interpretada — como o foi quando foi proposta

> — como significando «tomar o poder dos capitalistas», ou fazer a revolução expulsando os comitês do Partido e derrubando tudo. Quanto a uma nova interpretação, isso é algo que podemos continuar a estudar dentro do Partido.

No entanto, no estudo e na discussão de questões ideológicas e teóricas, devemos sempre seguir resolutamente a política de «deixar cem flores desabrocharem, cem escolas de pensamento contenderem», o princípio dos «três nãos» (não criticar os outros pelos seus defeitos, não rotular as pessoas e não usar um porrete) e o princípio de emancipar nossas mentes, abandonando a fé cega e partindo da realidade em tudo. Tudo isso foi decidido pela Terceira Sessão Plenária, e nós os reafirmamos aqui. Não podemos permitir o menor desvio desses princípios.

Por que em Cuba há um partido único?

Fidel Castro

1986

Fidel Castro (1926 – 2016), formado Bacharel em Letras, Direito e de Ciências Sociais, se envolveu nas lutas políticas dos estudantes universitários e ocupou diferentes responsabilidades na Federação Estudantil Universitária. Com o golpe de Estado de Fulgencio Batista em 1952, foi dos primeiros em denunciar o caráter reacionário e ilegítimo do regime de fato e fazer um apelo para seu derrubamento. Organizou e treinou um numeroso contingente de mais de mil jovens operários, empregados e estudantes, comandou o assalto ao Quartel Moncada em Santiago de Cuba e ao quartel de Bayamo. Ao falhar, foi preso e foi mantido sem comunicação durante 76 dias, depois condenado a 15 anos de prisão. Assumiu sua autodefesa perante o tribunal que o julgou, e pronunciou o "A história me Absolverá", no qual delineava o programa da futura Revolução em Cuba. Como resultado de uma forte pressão e campanhas populares, foi liberado em maio de 1955. Nas semanas subseqüentes, fundou o Movimento 26 de Julho para continuar a luta revolucionária. Em julho de 1955, Fidel partiu para o México para organizar desde o exílio a insurreição armada. Em sua condição de Comandante-em-chefe, dirigiu a ação militar e a luta revolucionária das forças rebeldes e do Movimento 26 de Julho durante os 25 meses de guerra. Ao concluir a luta insurrecional, manteve suas funções como Comandante-em-chefe. Em nome do poder revolucionário, proclamou em 16 de abril de 1961 o caráter socialista da Revolução Cubana. Foi eleito Deputado à Assembléia Nacional do Poder Popular, em representação do Município Santiago de Cuba, em seus sucessivos períodos de sessões desde sua criação em 1976, e desde então e até 2008 ocupou os cargos de Presidente do Conselho de Estado e Presidente do Conselho de Ministros.

O pluripartidarismo é o grande instrumento do imperialismo para manter as sociedades fragmentadas, divididas em mil pedaços; converte as sociedades em sociedades impotentes para resolver os problemas e defender seus interesses.

Um país fragmentado em dez pedaços é o país perfeito para dominá-lo, para subjugá-lo, porque não há uma vontade da nação, já que a vontade da nação se divide em muitos fragmentos, o esforço da nação se divide em muitos fragmentos, as inteligências todas se dividem e se registra uma pugna constante e interminável entre os fragmentos da sociedade.

Um país do Terceiro Mundo não se pode dar a esse luxo. Realmente, muitos se dão a esse luxo, claro que há muito tempo vivem nesse luxo e por isso há muito tempo que boa parte deles está subjugada e dominada.

Claro que em uma sociedade que tenha que enfrentar os problemas do subdesenvolvimento e tenha que se desenvolver nas condições tão difíceis que resulta desenvolver-se no mundo de hoje, é essencial a unidade. De modo que eu tenho a mais profunda convicção de que a existência de um partido é e deve ser, em um muito longo período histórico que ninguém pode prever até quando, a forma de organização política de nossa sociedade.

História e consciência de classe

György Lukács

1920

György Lukács (1885-1971) doutorou-se em ciências jurídicas e depois em filosofia pela Universidade de Budapeste. No fim de 1918, aderiu ao Partido Comunista e, no ano seguinte, foi designado vice--comissário do povo para a Cultura e a Educação Popular. Em 1923, lança o livro *História e consciência de classe*, em que confere à totalidade uma posição central: "Não é o predomínio de motivos econômicos na explicação da história que distingue de maneira determinante o marxismo da ciência burguesa, mas o ponto de vista da totalidade". Em 1933, mudou-se para Moscou, onde desenvolveu intensa atividade intelectual. Em 1945, retornou à Hungria e assumiu a cátedra de Estética e Filosofia da Cultura na Universidade de Budapeste. Foi um dos mais influentes filósofos marxistas do século XX. Seus estudos no campo marxiano estiveram relacionados à estética e aos princípios humanizadores da atividade artística e literária, além da elaboração de uma ética marxista. Morreu em 1971.

Capítulo V

Tão simples é, contudo, para o proletariado, a relação entre a consciência de classe e a situação de classe, em razão da essência das coisas, quanto são grandes os obstáculos que se opõem à realização dessa consciência na realidade. Aqui, de início, tudo entra na linha de conta da falta de unidade na própria consciência. De fato, embora a sociedade represente em si uma unidade vigorosa e que seu processo de solução seja igualmente um processo unitário, ambos não são dados como unidade à consciência do homem, em particular do homem nascido no seio da reificação capitalista das relações como em um meio natural. Ao contrário, são dados como uma multiplicidade de coisas e de forças independentes umas das outras.

A fissura mais frisante e mais carregada de consequências, na consciência de classe do proletariado, se revela na separação entre a luta econômica e a luta política. Muitas vezes Marx indicou que essa separação não tem base e mostrou como está na essência de toda luta econômica transformar-se em luta política (e inversamente), e, no entanto, tem sido impossível eliminar essa concepção da teoria do proletariado. Esse desvio da consciência de classe tem seu fundamento na dualidade dialética do objetivo parcial e do objetivo final, e pois, em último lugar, na dualidade dialética da revolução proletária.

Porque as classes que, nas sociedades anteriores, estavam chamadas à dominação e, por conseguinte, eram capazes de realizar as revoluções vitoriosas, se encontravam *subjetivamente* diante de uma tarefa mais fácil, justamente por causa da inadequação de. sua consciência de classe à estrutura econômica objetiva, em razão, pois, da inconsciência de sua própria função no processo de evolução. Cabia-lhe somente impor a satisfação dos seus interesses *imediatos* com a violência de que dispunham; e o sentido social de suas ações lhes restava oculto e era confiado à "manhã da razão" do processo de evolução. Mas como a história colocou o proletariado diante da tarefa *de uma transformação consciente da sociedade,* era necessário que surgisse na sua consciência de classe a contradição dialética entre o interesse imediato e o objetivo final, entre o momento isolado e a totalidade. Porque o momento isolado no processo e a situação concreta com suas exigências concretas são, em razão de sua essência, imanentes à sociedade capitalista atual e submetidas a suas leis, à sua estrutura econômica. Somente em se incorporando à visão de conjunto do processo, em se vinculando ao objetivo final que eles colocam concreta e conscientemente para além da sociedade capitalista, é que eles se tornam revolucionários. Subjetivamente isso significa, para a consciência de classe do proletariado, que a dialética entre o interesse imediato e a influência objetiva sobre a totalidade da sociedade é transferida *na própria consciência do proletariado*, em lugar de ser - como para todas as classes anteriores - um processo puramente objetivo, que se desenrola fora da consciência (adjudicada). A vitória revolucionária do proletariado não é, pois, como o era para as classes anteriores, *a realização imediata do ser socialmente dado da classe*. E, como já tinha reconhecido e assinalado com nitidez o jovem Marx, *sua superação de si*. O *Manifesto Comunista* assim formula essa diferença: «Todas as classes anteriores que conquistaram o poder buscavam *assegurar a situação que elas já tinham adquirido*, submetendo toda sociedade às condições de sua aquisição. Os proletários só podem apropriar-se das forças produtivas sociais suprimindo *o modo de apropriação que até aqui era o seu*, e, por conseguinte, todo o antigo modo de apropriação" (grifado por G. L.). Essa dialética interna da situação de classe torna mais difícil o desenvolvimento da consciência de classe proletária, em oposição à burguesia que podia, desenvolvendo sua consciência de classe, permanecer à superfície dos fenômenos, no nível do mais grosseiro e do mais abstrato empirismo, enquanto para o proletariado era um imperativo elementar de sua luta de classes ir além do dado imediato. (E que Marx já assinala nas suas notas sobre o levante dos tecelões silesianos).

Porque a situação de classe do proletariado introduz a contradição diretamente na consciência do proletariado, enquanto as contradições nascidas da situação de classe da burguesia aparecem necessariamente como os limites externos de sua consciência. Essa contradição significa que a "falsa" consciência tem, no desenvolvimento do proletariado, uma função inteiramente diferente que nas demais classes anteriores. De fato, enquanto as constatações correlatas de fatos parciais ou de momentos do desenvolvimento na consciência de classe da burguesia revelavam, por sua relação com a totalidade da sociedade, os limites da consciência, se desmascaravam como "falsa" consciência, há, mesmo na "falsa" consciência do proletariado, mesmo nos seus erros de fato, *uma intenção dirigida axialmente para a verdade.* E bastante ir à crítica social dos utopistas ou aos acréscimos apostos por proletários e revolucionários à teoria de Ricardo. A propósito desta última, Engels demonstrou com vigor que ela é "econômica e formalmente falsa", para logo acrescentar: "Mas o que é falso de um ponto de vista econômico e formal pode não ser menos justo do ponto de vista da história universal... A inexatidão econômica formal pode encobrir um conteúdo econômico verdadeiro" [38]. É assim que a contradição na consciência de classe do proletariado se torna solúvel, tornando-se, ao mesmo tempo, um fator consciente da história. Porque a intenção objetivamente dirigida axialmente para a verdade, e que é inerente mesmo à "falsa" consciência do proletariado, não implica absolutamente que ela possa vir dela própria para a luz, sem a intervenção do proletariado. Ao contrário: somente intensificando seu caráter consciente, agindo conscientemente e exercendo uma autocrítica consciente, é que o proletariado transformará a intenção dirigida axialmente para a verdade, despojando-a de suas falsas máscaras, em uma consciência verdadeiramente correta e de porte histórico, que subverterá a sociedade: ela seria evidentemente impossível, se não tivesse em seu fundamento essa intenção objetiva, e aqui é que se verifica a afirmação de Marx segundo a qual "a humanidade não se propõe tarefa que não possa resolver". O que é *dado* aqui é somente a *possibilidade.* A solução, ela mesma, não pode ser mais do que o fruto da ação *consciente* do proletariado. Essa mesma estrutura da consciência, na qual repousa a missão histórica do proletariado, que o faz ir além da sociedade existente, produz nele a dualidade dialética. O que aparecia nas outras classes como oposição entre interesse de classe e interesse da sociedade, entre a ação individual e suas consequências sociais, etc., como limite externo da consciência, e agora transferido, como oposição entre o interesse momentâneo e objetivo final, do interior da consciência de classe proletária. Isso significa, por conseguinte, que essa dualidade dialética é superada interiormente e que a vitória exterior do proletariado na luta das classes veio a ser possível.

Contudo, essa cisão oferece precisamente um meio de compreender que a consciência de classe não é a consciência psicológica de proletários individuais ou a consciência psicológica (de massa) do seu conjunto, mas o sentido *tornado consciente, da situação histórica da classe*. O interesse individual momentâneo, no qual esse sentido se objetiva alternadamente e por cima do qual não se pode passar sem retornar a luta de classes do proletariado ao estado mais primitivo do utopismo, pode de fato ter uma dupla função: a de ser um passo na direção do alvo e a de ocultar o alvo. *Depende exclusivamente da consciência de classe do proletariado; e não da vitória ou do impasse nas lutas particulares*, que seja urna ou outra coisa. Esse perigo, que encobre particularmente a luta sindical "econômica", Marx já o percebera anteriormente e com nitidez. "Ao mesmo tempo os trabalhadores não devem superestimar para si próprios o resultado final dessas lutas. Não devem esquecer que lutam contra os efeitos e não contra as causas desses efeitos... que recorrem a paliativos e não curam a própria doença. Também não deveriam despender toda a sua atividade exclusivamente nestas inevitáveis lutas de guerrilha..., mas ao mesmo tempo trabalhar para a transformação radical e utilizar sua força organizada como urna alavanca para a emancipação definitiva do salário".

A origem de todo oportunismo está em partir dos efeitos e não das causas, das partes e não do todo, dos sintomas e não da coisa; está em ver no interesse particular e na sua satisfação não um meio de educação tendo em vista a luta final, cuja saída depende da medida em que a consciência psicológica se aproxime da consciência adjudicada, mas algo de precioso em si ou, pelo menos, algo que, por si próprio, se aproximaria do alvo. Em uma palavra, está em *confundir o estado efetivo de consciência psicológica dos proletários com a consciência de classe do proletariado.*

Frequentemente se vê o que tem de catastrófico, na prática, tal confusão, quando, na sequência dessa confusão, o proletariado apresenta uma unidade e uma coesão bem menores, em sua ação, do que as que corresponderiam à unidade das tendências econômicas objetivas. A força e a superioridade da verdadeira consciência prática de classe residem exatamente na capacidade de perceber, por trás dos sintomas dissociadores do processo econômico, sua unidade como evolução do conjunto da sociedade. Contudo, tal unidade de movimento não pode ainda, na época do capitalismo, revelar urna unidade imediata, nas formas exteriores de aparição. O fundamento econômico de uma crise mundial, por exemplo, forma seguramente urna unidade e, como tal, pode ser percebido como uma unidade econômica. Sua forma de aparição no espaço e no tempo será, contudo, uma sucessão e uma justaposição de fenômenos separados não somente nos diferentes países como também nos diferentes ramos da produção de cada país. Pois, quando o pensamento burguês "muda as diferentes partes da sociedade enquanto sociedade à parte", comete, decerto, um pesado erro teórico, mas as consequências práticas dessa teoria errônea correspondem inteiramente aos interesses capitalistas de classe. A classe burguesa é, certamente, incapaz, no plano teórico geral, de elevar-se acima da compreensão dos detalhes e dos sintomas do processo econômico (incapacidade que, *no final das contas*, a condena ao impasse também no plano prático). Todavia, importa-lhe grandemente, na atividade prática imediata da vida cotidiana, que essa maneira de agir que lhe é própria se imponha também ao proletariado. Nesse caso, de fato, e somente nesse caso, é que a superioridade organizacional, etc., da burguesa pode expressar-se com clareza, enquanto a organização toda diferente do proletariado, *sua atitude a organizar-se enquanto classe*, não se pode impor praticamente. Pois, quanto mais progride a crise econômica do capitalismo, tanto mais essa unidade de processo econômico pode ser claramente *apreendida na própria prática*. Ela, decerto, também estava presente nas épocas ditas normais, e pois perceptível do ponto de vista de classe do proletariado, mas a distância entre a forma de aparição e o fundamento último era, contudo, muito grande para poder conduzir a consequências práticas na ação do proletariado. Esta muda nas épocas decisivas de crises. A unidade do processo total passou ao primeiro plano. A tal ponto que mesmo a teoria do capitalismo não pode abster-se disso inteiramente, embora jamais possa apreender adequadamente essa unidade. Nessa situação, o destino do proletariado e, com ele, o de toda a evolução humana depende unicamente desse *passo, tornado desde logo objetivamente possível*, que se fará ou não se fará. Porque mesmo que os sintomas da crise se manifestem separadamente (segundo os países, os ramos da produção, como crises econômicas , ou políticas", etc.), mesmo se o reflexo que aí corresponde na consciência psicológica imediata dos trabalhadores tem também um caráter isolado, a possibilidade e a necessidade de superar essa consciência já existem agora; e essa necessidade é sentida instintivamente pelas camadas cada vez mais amplas do proletariado. A teoria do oportunismo que não desempenhou, aparentemente, até à crise aguda, a não ser um papel de freio à evolução objetiva, toma agora uma *orientação diretamente oposta* à evolução. Visa impedir que a consciência de classe do proletariado continue a evoluir para se transformar, de simples dado psicológico, em adequação ao conjunto da evolução. objetiva; visa *levar a consciência de classe do proletariado ao nível de um dado psicológico* e dar assim ao progresso até aqui instintivo dessa consciência de classe uma orientação oposta. Essa teoria que se poderia considerar, com certa indulgência, ainda como um erro, durante o tempo em que a possibilidade prática de unificação da consciência de classe proletária não era dada no plano econômico objetivo, se reveste nessa situação de um caráter de embuste consciente (estejam ou não seus porta-vozes psicologicamente conscientes disso). Preenche, frente a frente aos instintos corretos do proletariado, a função que sempre exerceu a teoria capitalista: denuncia a concepção correta da situação econômica global, da consciência de classe correta do proletariado e de sua forma organizacional, o partido comunista, como qualquer coisa de irreal, como um princípio contrário aos "verdadeiros" interesses dos operários (interesses imediatos, interesses nacionais ou profissionais tomados isoladamente), estranho à sua "autêntica" (dada psicologicamente) consciência de classe.

Entretanto, a consciência de classe ainda que não tendo realidade psicológica não é mera ficção. O caminho infinitamente penoso, pontilhado de numerosas recaídas, que a revolução proletária segue, seu eterno retorno ao ponto de partida, sua contínua autocrítica, de que fala Marx no *Dezoito Brumário*, encontram sua explicação na realidade dessa consciência.

Somente a consciência do proletariado pode mostrar como sair da crise do capitalismo. Enquanto essa consciência não existe, a crise mantém-se permanente, retorna ao seu ponto de partida, repete a situação, até que, enfim, após infinitos sofrimentos e terríveis desvios, a lição de coisas da história remata o processo de consciência no proletariado e repõe nas suas mãos a direção da história. Aqui o proletariado não tem escolha. E necessário, como diz Marx, que se torne uma classe não somente "frente a frente ao capital" como também "para si própria". Isto é, que eleve a necessidade econômica de sua luta de classes ao nível de uma vontade consciente de uma consciência de classe atuante. Os pacifistas e os humanitaristas da luta das classes que, voluntária ou involuntariamente, trabalhem para amortecer esse processo por si mesmo já tão longo, tão doloroso e sujeito a tantas crises, ficariam horrorizados se compreendessem quantos sofrimentos impõem ao proletariado, ao prolongar essa lição de coisas. Porque o proletariado não pode furtar-se à sua vocação. Trata-se somente de saber o quanto deve ainda sofrer antes de alcançar a maturidade ideológica, o conhecimento correto de sua situação de classe, a consciência de classe. Para dizer a verdade, essas hesitações, essas incertezas, são um sintoma de crise da sociedade burguesa. O proletariado, enquanto produto do capitalismo, está necessariamente sujeito às formas de existência de seu produtor. Essas formas de existência são a inumanidade e a reificação. O proletariado, unicamente por sua existência, é a crítica, a negação dessas formas de existência. Mas até que a crise do capitalismo chegue ao seu termo, até que o próprio proletariado consiga revelar completamente essa crise, tendo atingido a verdadeira consciência de classe, ele é a simples crítica da reificação e, enquanto tal, não se eleva, senão negativa mente, por cima do que nega. Quando a crítica não supera a simples negação de uma parte, quando, pelo menos, não *tende* para a totalidade, nesse caso ela não pode superar o que nega, como mostra, por exemplo, o caráter pequeno-burguês da maior parte dos sindicalistas. Essa simples crítica, essa crítica feita do ponto de vista do capitalismo, se manifesta de maneira mais frisante na separação dos diferentes setores da luta. O simples fato de fazer essa separação já indica que a consciência do proletariado sofre, ainda que provisoriamente, a reificação. Embora seja evidentemente mais fácil apreender o caráter inumano de sua Situação de classe no plano econômico do que no político, no plano político do que no cultural, todas essas separações estanques demonstram a força ainda não superada dos modos capitalistas de vida sobre o proletariado.

A consciência reificada permanece necessariamente prisioneira, na mesma medida e de feitio também desesperado, nos extremos do empirismo grosseiro e do utopismo abstrato. Ou melhor, ela se torna a espectadora inteiramente passiva do movimento das coisas sujeitas às leis e nas quais não se pode, em nenhum caso, intervir. Ou melhor, ela se considera como uma força que pode dominar a seu bel-prazer - subjetivamente - o movimento das coisas, em si despojado de sentido. Já reconhecemos o empirismo grosseiro dos oportunistas nas suas relações com a consciência de classe do proletariado. Trata-se agora de compreender a função do utopismo como sinal essencial da gradação interna da consciência de classe. (A separação meramente metodológica operada aqui entre empirismo e utopismo não significa que eles não possam encontrar-se reunidos em algumas orientações particulares ou mesmo em certos indivíduos. Ao contrário, frequentemente são encontrados em conjunto e continuam também intrinsecamente em conjunto.)

As pesquisas filosóficas do jovem Marx visavam, em grande parte, refutar as diversas teorias errôneas da consciência (tanto a teoria "idealista" da escola hegeliana como a "materialista" de Feuerbach) e alcançar uma concepção correta do papel da consciência na história. A correspondência de 1843 já concebe a consciência como imanente à evolução. A consciência não está além da evolução histórica real. Não é o filósofo quem a introduz no mundo. O filósofo não tem o direito de lançar um olhar arrogante sobre as pequenas lutas do mundo e de desprezá-las. "Mostramo-lhe simplesmente (ao mundo) porque, na realidade, ele luta, e a consciência disso é alguma coisa que se vê *obrigado* a adquirir, mesmo não a querendo". Trata-se somente de "*explicar-lhe* suas próprias ações". A grande polêmica com Hegel, na *Sagrada Família*, se concentra, principalmente, nesse ponto. O que há de incompleto em Hegel é que nele o espírito absoluto só aparentemente faz história e a transcendência da consciência que daí resulta converte-se, nos discípulos de Hegel, em uma oposição arrogante, e reacionária, entre o "espírito" e a "massa", oposição cujas insuficiências, absurdos e recaídas a um nível superado por Hegel são impiedosamente criticados por Marx. A crítica, sob a forma de aforismo, de Feuerbach, é-lhe o complemento. Aqui, por seu turno, a imanência da consciência atingida pelo materialismo é reconhecida como uma simples etapa da evolução, como a etapa da "sociedade burguesa", sendo-lhe opostas "a atividade crítica prática" e "a transformação do mundo". Estava, assim, lançado o fundamento filosófico que permite um ajuste de contas com os utopistas. Porque aparece, na Sua maneira de pensar, a mesma dualidade entre o movimento social e a consciência desse movimento. A consciência sai de um além e se aproxima da sociedade para retirá-la do mau caminho seguido até então e levá-la ao bom. O movimento proletário ainda não desenvolvido não lhes permite distinguir na história, na maneira como o proletariado se organiza em classes portanto, na consciência de classe do proletariado - o portador da evolução. Não estão ainda em condições de "perceber o que se passa diante dos seus olhos e de vir a ser a sua voz".

Seria ilusório acreditar que, apesar dessa crítica do utopismo, apesar do reconhecimento histórico de que um comportamento não-utópico frente â evolução histórica se tornou *objetivamente possível*, o utopismo esteja efetivamente liquidado para a luta emancipadora do proletariado. Somente para as etapas da consciência de classe é que se realizou a unidade real, descrita por Marx, da teoria e da prática, a intervenção prática real da consciência de classe na marcha da história e, por aí, a revelação prática da reificação. Pois, isso não se realizou de maneira unitária e de um só golpe. Aqui aparecem não somente as gradações nacionais ou "sociais", como também as gradações na consciência de classe das próprias camadas operárias. Daí que a separação do econômico e do político seja o caso mais típico e, ao mesmo tempo, o mais importante. Há camadas do proletariado que têm um instinto de classe inteiramente correto para a sua luta econômica, que podem ascender à consciência de classe e que, não obstante, permanecem, ao mesmo tempo, no que diz respeito ao Estado, em um ponto de vista perfeitamente utópico. Acresce que isso não implica uma dicotomia mecânica. A concepção utópica que se faz da política deve necessariamente reagir de modo dialético nas concepções que se tem do conjunto da economia (por exemplo, na teoria anarco-sindicalista da revolução). Porque são impossíveis, sem um conhecimento real da interação entre a política e a economia, a luta contra o conjunto do sistema econômico e, além disso, uma reorganização radical do conjunto da economia.

O pensamento utopista está longe de ter sido superado, mesmo nesse nível, que é o mais próximo dos interesses vitais imediatos do proletariado e onde a crise atual permite decifrar a ação correta a partir da marcha da história. Vê-se bem a influência exercida ainda hoje pelas teorias tão completamente utopistas como a de Ballod ou do socialismo da Guilda. Essa estrutura se evidencia necessariamente de uma maneira ainda mais gritante em todos os domínios onde a evolução social ainda não progrediu o bastante para produzir, a partir dela própria, a possibilidade objetiva de uma visão da totalidade. É ali na atitude teórica e prática do proletariado frente a frente com as questões puramente ideológicas, com as questões de cultura, onde se pode vê-lo mais claramente. Essas questões ocupam, ainda hoje, uma posição quase isolada na consciência do proletariado; e sua ligação orgânica, tanto com os interesses vitais imediatos como com a totalidade da sociedade, não penetrou ainda na consciência. Eis por que os resultados nesse domínio raramente se elevam acima de uma autocrítica do capitalismo, realizada pelo proletariado. Nesse domínio, o que há de positivo, prática ou teoricamente, tem um caráter quase inteiramente utópico.

De uma parte, pois, essas gradações são necessidades históricas objetivas, diferenças na possibilidade objetiva da passagem à consciência (da ligação entre a política e a economia em comparação com o "isolamento" das questões culturais); mas por outro lado marcam, ali onde a possibilidade objetiva da consciência está presente, os graus na distância entre a consciência de classe psicológica e o conhecimento adequado do conjunto da situação. Contudo, essas gradações não podem referir-se diretamente as causas econômicas e sociais. *A teoria objetiva da consciência de classe é a teoria de sua possibilidade objetiva.* Infelizmente, uma questão que não tem sido praticamente abordada, e que poderia levar a importantes resultados, é a de saber até onde vão, no *interior* do proletariado, a estratificação dos problemas e a dos interesses econômicos. Todavia, no interior de uma tipologia, por mais aprofundada que seja, como no interior dos problemas da luta de classes, surge sempre a questão das estratificações no proletariado: como pode realizar-se efetivamente a possibilidade objetiva da consciência de classe? Se outrora essa questão somente se referia a indivíduos extraordinários (que se pense na previsão feita por Marx, e de modo algum utopista, dos problemas da ditadura), hoje em dia é uma questão real e atual para toda a classe: é a questão da transformação interna do proletariado, de seu movimento no sentido de ascender ao nível objetivo da sua própria missão histórica, crise ideológica cuja solução tornará possível, enfim, a solução prática da crise econômica mundial.

Seria catastrófico manter ilusões sobre a distância que o proletariado deve percorrer no caminho ideológico. Contudo, seria também catastrófico não ver as forças que agem no sentido de uma superação ideológica do capitalismo por parte do proletariado. O simples fato de que cada revolução proletária tenha produzido, por exemplo - e isso de uma maneira incessantemente mais intensa e mais consciente - o órgão de luta do conjunto do proletariado, que se converte em órgão estatal, o conselho operário, é um sinal de que a consciência de classe do proletariado está a ponto de superar vitoriosamente a mentalidade burguesa de sua camada dirigente.

O conselho operário revolucionário, que não se deve jamais confundir com sua caricatura oportunista, é uma das formas pelas quais a consciência da classe proletária lutou incansavelmente desde o seu nascedouro. Sua existência, seu contínuo desenvolvimento, mostram que o proletariado já está no limiar de sua própria consciência e, por conseguinte, no limiar da vitória. Porque o conselho operário é a superação econômica e política da reificação capitalista. Do mesmo modo que, na situação posterior à ditadura, deve superar a divisão burguesa entre legislação, administração e justiça, do mesmo modo está chamado, na luta pelo poder, a reunir em uma verdadeira unidade, de uma parte o proletariado espacial e temporalmente disperso, e de outra a economia e a política, e desse modo ajudar a reconciliar a dualidade entre o interesse imediato e o objetivo final.

Jamais se deve ignorar a distância que separa o nível de consciência, mesmo dos operários mais revolucionários, da verdadeira consciência de classe do proletariado. Esse estado de coisas também é explicável a partir da doutrina marxista da luta de classes e da consciência de classe. *O proletariado só se realiza ao suprimir-se, ao levar até o fim sua luta de classes e ao instaurar a sociedade sem classes.* A luta para o estabelecimento dessa sociedade, de que a ditadura do proletariado é uma simples fase, não é apenas uma luta contra o inimigo exterior, a burguesia, mas simultaneamente uma luta do proletariado contra si mesmo: contra os efeitos devastadores e degradantes do sistema capitalista na sua consciência de classe. O proletariado só obterá a verdadeira vitória quando haja superado, em si mesmo, esses efeitos. A separação dos diferentes setores que deveriam estar reunidos, os diferentes níveis de consciência alcançados atualmente pelo proletariado nos diferentes domínios permitem medir exatamente o ponto já atingido e o que resta a conquistar. O proletariado não deve recuar diante de nenhuma autocrítica, porque somente a verdade pode ser a portadora de sua vitória, e a autocrítica o seu elemento vital.

Conferência sobre a ditadura do proletariado

Louis Althusser

1979

Louis Althusser (1918 – 1990) ingressa o Partido Comunista Francês em 1948. Seus trabalhos mais importantes são *Pour Marx* (*A favor de Marx*) e *Lire Le capital* (*Ler O capital*) - que, contrapondo-se à leitura dominante de Marx até então vigente, terão o efeito de uma verdadeira revolução teórica no campo marxista. Sua produção intelectual se estenderá até os anos 80, com retificações, aprofundamentos e o desenvolvimento de uma original teoria da ideologia e dos Aparelhos Ideológicos de Estado. Este texto trata-se de conferência que Althusser apresentou na Espanha, no mês de julho de 1976, e na qual procurou defender o conceito de ditadura do proletariado como um dos conceitos centrais da teoria marxista.

Vou falar da ditadura do proletariado. Pode-se dizer que esta questão está na ordem do dia de todos os partidos comunistas do mundo inteiro. Ela está na ordem do dia na China Popular, onde o Partido Comunista Chinês insiste em destacar a necessidade de compreender, de respeitar e de aplicar a ditadura do proletariado. Está na ordem do dia na União Soviética desde 1936, ou seja, desde que Stálin declarou oficialmente que a ditadura do proletariado foi superada na URSS, isto é, que não estava mais na ordem do dia na URSS. Mas, ao mesmo tempo que Stálin constatava que a ditadura do proletariado foi deixada para trás na URSS, o próprio Stálin declarava que a ditadura do proletariado era indispensável para os outros partidos comunistas, pois ela ainda não foi superada para eles, porque eles não haviam superado a luta de classes, não haviam ainda alcançado, tal como havia feito a URSS, o socialismo. Observo brevemente que esta ideia de que, quando uma formação social atinge o socialismo – ideia que sustenta todo o raciocínio de Stálin sobre a questão –, a ditadura do proletariado é superada por este país, é uma ideia em contradição completa com as teses de Marx e Lênin, que declararam repetidas vezes que a ditadura do proletariado, longe de ser superada no socialismo, coincidia, ao contrário, com toda a fase do socialismo.

Vejamos agora os partidos comunistas do mundo imperialista. Aqui, de maneira paradoxal, a ditadura do proletariado está na ordem do dia. O Partido Comunista Francês acaba de abandonar oficialmente, em seu XXII Congresso, a ditadura do proletariado, mas o mesmo congresso votou por unanimidade uma resolução que se apoia inteiramente, de A a Z, na ditadura do proletariado, ainda que sem jamais nomeá-la. O Partido Comunista Italiano, que suprimiu de seus estatutos desde o fim da guerra, sob a influência de Togliatti, a menção à ditadura do proletariado, se interessa por ela, pois nunca a abandonou oficialmente, e porque toda sua política se apoia na teoria que Gramsci desenvolveu em torno da noção de hegemonia. Mas, como a noção de hegemonia em Gramsci é uma noção ambígua, em particular quando Gramsci dá a entender que a hegemonia, que em princípio é o consenso que obtém uma classe quando consegue tomar o poder de Estado, pode existir antes da conquista do poder de Estado; quando Gramsci dá a entender – ao menos é o que dizem alguns de seus comentadores que se situam na linha de interpretação de Togliatti – que a hegemonia anterior à tomada do poder de Estado não é somente uma hegemonia do proletariado sobre os seus aliados (que é a tese de Lênin), mas uma hegemonia sobre toda a sociedade, a ditadura do proletariado converte-se então no meio privilegiado da tomada do poder de Estado, ou seja, no meio privilegiado para tomar e exercer o poder de Estado, logo para assegurar a hegemonia do próprio proletariado. Pode-se dizer a mesma coisa sustentando que para esses intérpretes de Gramsci, que são muito perspicazes, e mais perspicazes que o próprio Lênin, que nunca considerou esta possibilidade, a hegemonia do proletariado apresenta essa característica extraordinária de existir antes das condições históricas, quer dizer, econômicas, políticas e ideológicas de sua própria existência, ou seja, antes da tomada do poder de Estado. Isso constitui o que os lógicos e o primeiro homem chamam de círculo vicioso. Ora, não se pode permanecer indefinidamente diante de um círculo vicioso. É isso, contudo, o que fazem os intérpretes de Gramsci que eu mencionei. Mas, como são intelectuais, isso não tem muita importância, salvo quando isso pode paralisar certas formas da luta de classes, primeiro, entre os intelectuais comunistas, marxistas e entre outros que não são nem comunistas nem marxistas, porque essa ideia obscurece e silencia a teoria marxista em um de seus princípios essenciais. E isso pode, naturalmente, trazer também consequências para a linha política e para a prática política do Partido Comunista Italiano, onde os intelectuais desempenham um papel muito importante. Em todo caso, se o círculo está fechado, a questão permanece aberta, e será resolvida pelos desenvolvimentos da luta de classes na Itália.

O Partido Comunista Espanhol não se pronunciou, a meu ver, sobre a questão da ditadura do proletariado, mas é evidente que suas simpatias teóricas e políticas vão ao encontro das posições do Partido Comunista Italiano, que exercem uma grande influência na Espanha, sobretudo na Catalunha, muito menor na Andaluzia, para falar apenas de regiões da Espanha que conheço diretamente. O Partido Comunista Português se pronunciou muito claramente, pela voz de Álvaro Cunhal, em seu X Congresso, realizado na clandestinidade em 1974. A. Cunhal disse com todas as letras: devemos suprimir de nosso vocabulário certas expressões, algumas poucas. Devemos fazer isso porque, depois de 50 anos de fascismo, o povo português dificilmente pode compreender que o partido comunista, que luta pela liberdade, possa empregá-las. Por exemplo, a expressão ditadura do proletariado. E Cunhal disse com muita tranquilidade e firmeza: mas que ninguém se engane; nós abandonamos somente, unicamente, a expressão ditadura do proletariado, não abandonamos absolutamente nada do conceito, que é o conceito chave da teoria marxista em matéria de luta de classe. Em suma, A. Cunhal afirmava, tal como anteriormente Maquiavel: quando a situação política obriga a abandonar as palavras, é preciso fazê-lo, mas nesse caso não se pode nunca, nunca, nunca, abandonar a coisa, seja os princípios ou os conceitos. Porque, caso se abandonem, não em palavras, mas na realidade, ou seja, na prática, os princípios e os conceitos, perde-se a direção e a orientação, o que os marxistas chamam de linha política a seguir. E quando se perde a linha política, é como na navegação: não se pode chegar ao porto, ao destino. Acrescento que o paradoxo mais surpreendente é que todas essas declarações favoráveis à ditadura do proletariado ou ao seu abandono ou ao abandono de sua expressão, e até as declarações de Stálin sobre a necessidade de abandonar a ditadura do proletariado porque a URSS a teria superado e entrado no socialismo, podem ser também consideradas somente como declarações, ou seja, como palavras. Esse ponto é muito importante, pois não se pode deter a luta das classes declarando que ela está suspensa ou superada. Do mesmo modo, não se detêm as exigências objetivas, portanto, científicas, que o conceito de ditadura do proletariado exprime, declarando que se abandone o conceito de ditadura do proletariado ou sua expressão, ou o que alguns chamam, para se livrar dessa dificuldade, a noção de ditadura do proletariado, ou mesmo declarando, como o fez Stálin em 1936 e como continua a fazer Brejnev agora, que a ditadura do proletariado está superada na URSS, porque na URSS o socialismo existiria, e que, por consequência, o Estado soviético seria um "Estado de todo o povo", o que é um absurdo do ponto de vista da teoria marxista. A teoria marxista demonstra cientificamente que o Estado existe somente nas formações sociais onde existem as classes, portanto, a luta de classes e uma classe dominante que exerce sua ditadura. Por consequência, teoricamente falando, a noção de um Estado que seria o "Estado de todo o povo" é um disparate absoluto. E como os aspectos dominantes da formação social soviética não parecem - ao contrário do que pensam os camaradas chineses cujos argumentos são preciso examinar muito seriamente, argumentos que, infelizmente, não estão muito desenvolvidos - derivar da ditadura do proletariado, somos obrigados a nos colocar a seguinte questão: qual é atualmente a relação de produção dominante na URSS, a relação de produção e as relações sociais, políticas e ideológicas correspondentes? Se pudéssemos, enfim, propor uma resposta científica a essa questão-chave, tal resposta poderia contribuir, neste âmbito precisamente, para dar início à solução de um dos aspectos mais graves da crise do movimento comunista internacional. Refiro-me à atual divisão do movimento comunista internacional, divisão que se constitui na força principal do imperialismo. Observo, aliás, que o próprio movimento comunista está examinando diretamente essa questão, graças à iniciativa política tomada pelos partidos comunistas ocidentais, cuja fundamentação o PCUS teve de reconhecer parcialmente no comunicado final da conferência de Berlim.

Evidentemente, o que acabo de expor levanta numerosas questões, que deveriam ser examinadas em detalhe. Mas antes de examinar essas questões, vou simplesmente expor a teoria marxista da ditadura do proletariado tal qual se encontra em Marx e em Lênin. Não falarei de Gramsci, porque sua posição é complicada. Ele nunca empregou, em seus Quaderna [Cadernos], a expressão ditadura do proletariado, o que se pode explicar pelo fato de que estava na prisão e submetido a uma censura implacável. Sabe-se, por exemplo, que, devido à censura, Gramsci, que não considerava, em absoluto, que a filosofia marxista fosse a "filosofia da práxis", nem que a ciência marxista fosse uma filosofia, empregava a expressão "filosofia da práxis" para se referir ao pensamento de Marx, à teoria de Marx, portanto, à ciência marxista e à filosofia marxista ao mesmo tempo. Temos o direito de supor que se Gramsci tivesse podido expressar-se com toda liberdade, ele teria empregado a expressão ditadura do proletariado, e não a expressão hegemonia, para designar o conceito de ditadura do proletariado e a realidade da ditadura do proletariado. Se ele tivesse podido expressar-se assim com plena liberdade, isso teria eliminado muitas dificuldades, e os intérpretes italianos, espanhóis, franceses e outros, que tentam compreender o pensamento de Gramsci e têm muitas dificuldades em consegui-lo, não perderiam seus tempos com interpretações inúteis, e o movimento comunista internacional, que está, com toda a razão, muito ligado a Gramsci, ganharia uma imensa vantagem: a de tornar clara essa questão, que é politicamente decisiva, e também a vantagem de não mais cometer erros políticos praticados em nome dessas interpretações inexatas. Graças a isso, poder-se-ia finalmente ajustar as palavras às coisas, colocar as declarações oficiais dos partidos comunistas em acordo com a prática real da luta de classes das massas populares, pois eis o drama, o paradoxo, e também o fundamento de nossa certeza da vitória, as massas populares, estejam elas conscientes ou não da verdade científica da ditadura do proletariado, conheçam ou não a ditadura do proletariado, sabem não por meio de palavras, nem mesmo com sua cabeça, mas na e por meio de suas lutas concretas o que é a ditadura do proletariado, porque elas sabem o que é a ditadura da burguesia, a ditadura do imperialismo. Basta que elas saibam disso, porque a ditadura do proletariado é no princípio, como irei demonstrar, o mesmo que a ditadura da burguesia, evidentemente com a diferença de que na ditadura do proletariado é o proletariado que exerce a ditadura, e não a burguesia.

Volto, agora, ao meu tema, a ditadura do proletariado, e, para começar, faço essa simples pergunta: qual é o estatuto teórico da expressão "ditadura do proletariado"? E eu respondo: essa expressão possui o estatuto de um conceito científico no sentido forte, no sentido mais forte que possa existir, no sentido de uma verdade científica demonstrada, provada e continuamente verificada na prática. E acrescento: esse conceito científico pertence, como conceito científico, à ciência fundada por

Marx, não a que denominam de filosofia marxista, que, a meu ver, não existe, ou seja, de modo mais preciso, não existe sob a forma clássica do que se denomina – na divisão intelectual do trabalho burguês – como "a filosofia", portanto, não pertence ao que se chama de filosofia marxista, mas à ciência que Marx fundou e que é geralmente designada pela expressão "materialismo histórico".

Qual é o objeto dessa ciência (posto que, à diferença da filosofia, que não tem objeto, toda ciência tem objeto)? O objeto desta ciência são as leis da luta de classes. Isso não é, como acreditava o próprio Engels e como acreditam muitos marxistas, a Economia Política.de Karl Marx demonstrou – repito: demonstrou – no sentido mais forte que existe no mundo de uma demonstração científica, que o que chamam de Economia Política e o que existe sob esse nome nas sociedades imperialistas e infelizmente também na União Soviética e nos países socialistas, não é uma ciência, mas uma formação teórica da ideologia burguesa, portanto uma formação teórica produzida pela luta de classe ideológica burguesa contra o proletariado, uma formação teórica da ideologia burguesa que tem naturalmente, se nós somos materialistas, consequências práticas nas luta de classes burguesa contra o proletariado; ou melhor, uma formação teórica da ideologia burguesa produzida para produzir esses efeitos da luta de classe contra a luta de classe do proletariado. Assim, o objeto da ciência fundada por Marx são, e são unicamente, as leis da luta de classes nas diferentes formações sociais que derivam do que Marx denominava os diferentes modos de produção. Se a expressão ditadura do proletariado é um conceito científico, isso quer dizer que ela fornece o conhecimento verdadeiro da realidade que porta o mês mó nome. Em toda ciência, as coisas são deste modo: as palavras designam as próprias coisas, o que só é verdade quando se alcançou a verdade científica. Mas a mesma coisa é falsa quando se permanece na ideologia, quer seja teórica ou prática, por exemplo política. Um exemplo dessa inadequação: a União Soviética, onde, apesar das declarações dos dirigentes soviéticos que dizem que a ditadura do proletariado está superada, não sabemos exatamente se a ditadura do proletariado está efetivamente superada. Quando nos enganamos sobre a realidade, também nos enganamos com as palavras, e vice-versa. Isso nós sabemos desde que as ciências existem, ou seja, como precisou Spinoza, desde o começo da existência da primeira ciência no mundo capaz de propiciar demonstrações e por isso mesmo capaz de demonstrar ipso facto que ela era uma ciência, a matemática.

Se a expressão ditadura do proletariado designa um conceito científico da teoria científica fundada por Marx, e que tem por objeto as leis da luta de classes nas sociedades de classe, é necessário evidentemente reconhecer que essa expressão, que designa também, e ao mesmo tempo e com pleno direito, a realidade que designa, porque propicia o conhecimento dela, é preciso reconhecer que essa expressão pode, como expressão, desempenhar outros papéis subordinados. Ela pode ser utilizada como ideia (ou seja, ideia que pode ser justa sem ser explicitamente o objeto de uma demonstração), ela pode ser utilizada como noção e até mesmo como ideia falsa, ou seja, como erro (quando pronunciando a palavra designa-se algo diferente da realidade e de seu conhecimento); ela também pode ser utilizada como palavra de ordem na ação política, etc. Todas essas diferentes utilizações são secundárias em relação à primeira utilização, ao emprego da expressão ditadura do proletariado como conceito científico. E é muito importante compreender essa expressão, pois ela quer dizer duas coisas, que são uma única e mesma coisa: 1) É a partir do emprego da expressão como conceito científico que se pode compreender os outros empregos da mesma expressão e compreender os empregos errôneos, os empregos falsos da mesma expressão, e 2) O inverso não é verdadeiro. Esta verdade o próprio Spinoza exprimiu em sua fórmula célebre: ver um index sui et false, o que quer dizer: é somente a partir de um conceito científico verdadeiro, que se pode demonstrar que se trata de um conceito científico e que é verdadeiro, e é somente a partir desse mesmo conceito científico verdadeiro que se pode compreender os falsos empregos da mesma expressão, ou seja, o erro, ou o que Spinoza denomina o falso, o falso.

Prossigamos. Se a expressão ditadura do proletariado é um conceito científico da teoria marxista, designando de maneira adequada, como diz Spinoza seu objeto, ou seja, propiciando o conhecimento objetivo de seu objeto, a interpretação historicista da ditadura do proletariado, defendida pelos dirigentes do Partido Comunista Francês, é evidentemente um disparate. Um conceito científico, uma verdade objetiva não pode ser, como disse um dirigente do Partido Comunista Francês, superada "pela vida". Para todos os homens que viveram desde que os matemáticos propiciaram a demonstração de que 2 + 2 = 4, a verdade 2 + 2 = 4 não pode ser jamais superada, não pode ser jamais "superada pela vida". O mesmo ocorre com o conceito de ditadura do proletariado. Como dizia Spinoza sobre todas as verdades científicas, sua verdade é eterna; ou seja, válida em todos os tempos e em todos os lugares. Isso quer dizer evidentemente que essa verdade é sempre válida, mesmo quando seu objeto não existe, mas ela é evidentemente aplicável unicamente quando seu objeto existe. A diferença entre a validade universal, independentemente da existência atual de seu objeto, de uma verdade científica, e a aplicabilidade prática desta mesma verdade, é uma diferença evidente, pois a mesma verdade só pode ser aplicada a seu objeto se esse objeto existe atualmente. Isso quer dizer muito concretamente que a ditadura do proletariado é verdadeira para nós, mesmo que a ditadura do proletariado, ou seja, o socialismo, não exista em nossos países.

Quando o proletariado já tiver tomado o poder, a verdade da ditadura do proletariado existirá de outro modo, pois seu objeto terá existência atual; portanto, essa verdade será diretamente aplicável, enquanto hoje ela é apenas indiretamente aplicável, somente estrategicamente. Do mesmo modo, quando o comunismo reinar sobre o mundo, a verdade da ditadura do proletariado existirá sempre, como sendo a verdade do que se passou sob o socialismo, mesmo que ela não tenha mais a oportunidade de ser aplicada ao que se passará sob o comunismo. Porque as classes, a luta de classes tendo desaparecido, a ditadura do proletariado se tornará supérflua. Eu devia fazer essas observações para sair enfim do atoleiro do historicismo, que é uma das formas da ideologia filosófica burguesa mais perigosas para o movimento operário internacional, pois o historicismo consegue colocar o movimento operário em dúvida sobre o caráter científico da teoria científica de Marx. Sem dúvida, junto com o neopositivismo, o historicismo é, para o movimento operário, a mais perigosa forma de luta ideológica de classe da burguesia. Ademais, ele tem profundas afinidades com o neopositivismo, pois ambos são duas formas de empirismo, o inimigo filosófico número 1 da luta de classe do proletariado. Isso pode ser facilmente demonstrado, mas não poderei fazer isso hoje.

Aqui se coloca inevitavelmente a questão: não há um problema de vocabulário? A palavra ditadura não engendra efetivamente dificuldades? Certamente, há um problema de palavras. Pois todo conceito deve se manifestar, ou seja, se fixar na linguagem, e, portanto, se identificar com palavras definidas, nos dois sentidos do termo: se reconhecer nelas e fazer corpo com elas. O constrangimento objetivo absoluto de ter que se identificar com as palavras e a relativa independência do sentido do conceito em relação às palavras que o exprimem fazem com que, em tese, nada se oponha à mudança das palavras, caso seja preciso ou se encontrem outras melhores. Sabe-se que Gramsci, por exemplo, praticamente nunca empregou a expressão "ditadura do proletariado" nos seus Cadernos do cárcere. Era talvez para contornar a censura, como vimos acima. Mas o fato é: ele se serve de várias palavras, mas sem abandonar o conceito. São melhores? É possível: é algo a examinar em detalhes. Portanto, pode-se, em tese, mudar as palavras. Mas sempre há a necessidade das palavras e a margem de liberdade não é, de fato, tão grande: pois é necessário passar pelos constrangimentos da linguagem estabelecida, que é sempre conservadora, porque registra as coisas e os sentidos reconhecidos pela ideologia dominante. E quando se quer lhe fazer dizer, em uma fórmula breve e compreensível, como foi o caso de Marx, alguma coisa de inacreditável, que a incomoda de fato em seus hábitos, é necessário lhe violentar. Violentar na linguagem: todos os poetas, filósofos e sábios sabem disso, todos os militantes revolucionários também.

Pois, enfim, se Marx forjou, em 1852, depois de ter chamado no Manifesto (1848) o proletariado a se erigir "em classe dominante", a expressão "ditadura do proletariado", foi evidentemente para forçar que se visse, sob a enorme camada das "evidências" da ideologia burguesa, uma realidade que ninguém havia antes descoberto. E pela força das coisas, não havia evidentemente nenhum nome na linguagem existente para designar essa realidade. Marx fez como todo mundo. Pegou as palavras que lhe eram necessárias, lá onde elas se encontravam. Pegou uma palavra da linguagem política: ditadura. Pegou uma palavra na linguagem do socialismo: proletariado. E as forçou a coexistir em uma expressão explosiva (ditadura do proletariado) para exprimir, num conceito sem precedente, a necessidade de uma realidade sem precedente. Portanto, é perfeitamente exato: acoplando a palavra proletariado à palavra ditadura, Marx violentou, devemos reconhecer, a palavra ditadura. Ele a deslocou de seu sentido: mas para fazer uso de seu sentido. Pois, se na tradição clássica, e, portanto, na linguagem existente, a palavra ditadura designara um poder absoluto, tratava-se unicamente então do poder político, ou seja, do poder de governar, quer ele fosse detido por um homem (Roma) ou por uma assembleia (Convenção), sob formas legais nos dois casos. Mas ninguém antes de Marx teria imaginado que se pudesse falar da ditadura de uma classe social, pois essa expressão não tinha nenhum sentido no quadro de referência obrigatório das instituições políticas. Ora, é justamente isso que fez Marx: ele arranca a palavra ditadura de seu domínio do poder político, para forçá-la a exprimir uma realidade radicalmente diferente de toda forma de poder político: essa espécie de poder absoluto, sem nome antes dele, que exerce necessariamente toda classe dominante (feudal, burguesa, proletária), não apenas político, mas muito além disso, na luta de classes que abrange o conjunto da vida social, da base à superestrutura, da exploração à ideologia circunstancialmente, mas somente circunstancialmente, pela política.

Tente fazer melhor com duas palavras, e você verá: não é tão fácil! Falar de dominação de classe (como fez O Manifesto) ou hegemonia de classe (como fez Gramsci): podem ser ou parecer ser expressões ou muito frágeis ou muito eruditas. Seria preciso uma palavra familiar bastante forte, e que deixe sua marca, para permitir não somente compreender, mas sentir a força admirável dessa relação de "poder absoluto" de classe. Seria preciso uma palavra que desse a ideia de um "poder absoluto" acima da lei: ditadura. Porém, ao mesmo tempo, seria preciso uma palavra excepcional para designar esse poder de exceção: um poder que é "absoluto" justamente porque ele está acima das leis – traduzam: mais elevado, vasto e profundo que o poder político sozinho. Ora, como ditadura continha a ideia de um poder absoluto acima das leis, Marx se apropriou deste sentido para forçá-lo a dizer, acoplando ditadura a proletariado, algo bastante diferente: na luta de classes, o poder da classe dominante está acima das leis, isto é, muito acima e para além da política. Lênin escreve: "A ditadura é uma importante palavra, rude, sangrenta, uma palavra que expressa a luta sem clemência, a luta até a morte de duas classes, de dois mundos, de duas épocas da história universal. Não se jogam tais palavras ao vento". É assim que o conceito de ditadura do proletariado, vestido dessas duas únicas palavras, entrou quase nu na teoria e na história, como uma violência feita na linguagem, como uma violência de linguagem para falar da violência da dominação de classe.

Isso quer dizer que o conceito de ditadura do proletariado repousa sobre a ideia de que a dominação de classe é à sua maneira um poder absoluto que não se reduz às formas do poder político? Por ora, eu responderei: sim. Mas isso quer dizer precisamente que o conceito de ditadura do proletariado não pode ser compreendido isoladamente. E, de fato, ele remete sempre a um outro conceito: o conceito de ditadura burguesa. Os dois conceitos são idênticos. O que muda é a classe que domina. Mas o que não muda é a alternativa: ou uma classe ou outra, ou a burguesia ou o proletariado. Mas, para compreender essa alternativa, é preciso acrescentar: é o conceito de ditadura da burguesia que detém o "segredo" do conceito de ditadura do proletariado.

Todo mundo conhece os paradoxos célebres de Marx, Engels e Lênin sobre a ditadura da burguesia. Em vários momentos, Lênin afirma que a democracia parlamentar burguesa mais "livre" é a forma por excelência da ditadura da burguesia (eu não discuto aqui a ideia contestável de que possa existir uma "forma por excelência"). O que ele faz? Ele coloca em evidência essa distinção fundamental: as formas políticas mediante as quais se exerce a ditadura de uma classe na luta de classes são uma coisa, outra coisa é a própria ditadura de classe. E Lênin acrescenta: a ditadura de uma classe se exerce efetivamente em e mediante formas políticas, mas não se reduz a isso. O que, coligido, significa: não se pode compreender o sentido e a função das formas políticas (variáveis segundo o curso da luta de classes) da ditadura de uma classe sem as reportar à ditadura dessa classe na luta de classes, e às relações de força nesta luta de classe.

Essa distinção entre ditadura de classe e formas políticas que contribuem para realizar esta ditadura vale tanto para o proletariado quanto para a burguesia. E é por isso que, colocando esse mesmo paradoxo a serviço da ditadura do proletariado, Lênin pode sustentar a ideia de que a forma política (e social, nós veremos o motivo) por excelência da ditadura do proletariado é "a democracia das mais amplas massas", "mil vezes mais livre" que a mais livre das democracias burguesas. Se não sustentamos firmemente esta distinção entre a ditadura da classe dominante na luta de classes e as formas políticas nas e mediante as quais essa ditadura também se exerce, não podemos compreender "a necessidade" da ditadura do proletariado (Marx). Essa distinção repousa sobre uma grande ideia, fundamental na teoria marxista. Para Marx, as relações de luta de classes, (inclusive) sancionadas e reguladas pelo direito e as leis em proveito da classe dominante, não são, em última instância, relações jurídicas, mas relações de luta, ou seja, relações de força, em resumo relações de violência declarada ou não. Isso não quer dizer que, para Marx, o direito e as leis tenham uma essência "jurídica" pura, portanto sem violência, mas isso significa que: as relações de classes são, em última instância, relações extrajurídicas (com uma força distinta do direito e das leis), portanto, relações "acima das leis", porque são, em última instância, relações de força e violência declarada ou não, significa que a dominação de uma classe na luta de classes deve ser "necessariamente" pensada como "poder acima das leis": ditadura. Se, alguns minutos atrás, eu parecia fazer uma reserva ao dizer "por ora", era para assinalar que seria preciso ir mais longe. Mas chegamos lá. Pois não basta dar uma definição somente negativa e dizer: o poder de dominação de classe é, em última instância, "extrajurídico", ou seja, "não jurídico".

É preciso dizer positivamente o que é esse poder absoluto, e mostrar o que designa a "última instância". Ora, não se pode responder a essas questões sem levar realmente em conta a teoria marxista da luta de classes, tal qual ela resulta da análise do modo de produção capitalista, O Capital. Mas atenção: não se pode cair nas armadilhas de nossos adversários atuais, e crer, como eles supõem, que a teoria da luta de classes teria começado com Marx, e pertenceria ao marxismo, como sua descoberta ou sua invenção. A teoria da luta de classes foi primeiramente uma teoria burguesa e continua sendo. Não foi Marx que descobriu "a existência das classes e de sua luta". Ele próprio afirmou: "Não fui eu, mas os historiadores e economistas burgueses". E Marx acrescenta: "O que eu trouxe de novo, é (...) a ideia de que a luta de classes conduz necessariamente à ditadura do proletariado" (carta a Weydemeyer, 1852). Chegamos, então, ao ponto mais candente, no qual, o que distingue a teoria burguesa da luta de classes da teoria marxista da luta de classes é... a ditadura do proletariado: ao ponto onde a teoria marxista da luta de classes e o conceito de ditadura do proletariado estão ligados como os lábios e os dentes. Com essa surpreendente advertência, podemos entrar no que é a teoria burguesa da luta de classes para opô-la ao que é realmente a teoria marxista da luta de classes. Pode-se dizer que os teóricos burgueses adotam uma concepção que distingue as classes, de um lado, e a luta de classes, de outro: e, mais frequentemente. uma concepção que estabelece o primado lógico ou histórico das classes sobre a luta de classes. Os teóricos burgueses reconhecem a existência das classes, mesmo quando a chamam por outro nome. Como as concebem separadas da luta de classes, eles caem numa concepção econômica, sociológica ou psicossociologia das classes. Nada de surpreendente. Pode-se provar histórica e teoricamente que a Economia Política, a Sociologia, a Psicossociologia, foram forjadas para servir teoricamente e praticamente a essa concepção da luta de classes pela ideologia burguesa. De toda maneira, eles concebem primeiro a existência das classes, e a luta de classes vem em seguida, como um efeito secundário, derivado, mais ou menos contingente da existência das classes e de suas relações. Como eles pensam, então, a luta de classes? Em termos de Sociologia, de Psicossociologia, de política e de ideologia: a ideologia burguesa lhes propicia tudo o que é necessário para isso. No entanto, o que é interessante são as consequências políticas dessa concepção. Se a luta de classes é um efeito derivado, mais ou menos contingente, pode-se sempre encontrar o modo de superá-la, tratando-a com os meios apropriados: esses meios são as formas históricas de colaboração de classe, nas quais o reformismo do movimento operário se combina com os métodos capitalistas da "participação" operária em sua própria exploração. Marx adota uma concepção totalmente distinta. Contrariamente aos teóricos burgueses que estabelecem uma diferença entre as classes e a luta de classes, e estabelecem em geral o primado das classes sobre a luta de classes, Marx estabelece a identidade da luta de classes e, no interior desta identidade, o primado da luta de classes sobre as classes. Peço desculpas por empregar esta fórmula, que é abstrata e parece difícil de compreender. Ela significa que a luta de classes, longe de ser um efeito derivado e mais ou menos contingente da existência das classes, forma um todo com o que divide as classes em classes e reproduz a divisão em classes na luta de classes. Filosoficamente falando isso se expressa assim: segundo os diferentes períodos históricos, o primado da contradição sobre os contrários, ou a identidade da contradição e dos contrários. Para observar como se opera concretamente essa divisão em classes sob o efeito da luta de classes, para observar concretamente em que a existência das classes é idêntica à luta de classes, basta analisar o que se passa na base econômica, "determinante em última instância", e examinar justamente a relação de luta de classe que divide as classes em classes: a relação de produção capitalista. Ora, o que se observa nessa relação? Com a condição de considerá-la em si mesma e em suas pressuposições que são também seus efeitos (o conjunto das relações sociais que, ao mesmo tempo que a condicionam, dependem dela), veremos o que se segue.

Formalmente, a relação de produção capitalista se apresenta como uma relação jurídica: de compra e venda da força de trabalho. Contudo, essa relação não se reduz nem a uma relação jurídica, nem mesmo a uma relação política, nem tampouco a uma relação ideológica. A detenção dos meios de produção pela classe capitalista (que está por detrás de cada capitalista individual) pode muito bem ser sancionada e regulada pelas relações jurídicas (cuja aplicação pressupõe o Estado): ela não é uma relação jurídica, mas uma relação de força ininterrupta, desde a violência aberta do desapossamento no período da acumulação primitiva até a extorsão contemporânea da mais-valia. A venda da força de trabalho da classe operária (que está por detrás de cada trabalhador produtivo) pode ser sancionada pelas relações jurídicas: ela é uma relação de força ininterrupta, uma violência feita aos despossuídos, que passam do exército de reserva ao trabalho ou vice-versa. No coração da relação de produção capitalista, que divide as classes em classes e reproduz essa divisão através do duplo processo de acumulação e de proletarização, encontra-se, portanto, em última instância, (isto é, ancorada nesta "última instância" que é a produção), a violência de classe, esta violência "fora da lei" que exerce a classe capitalista sobre a classe operária.

A ditadura burguesa é ditadura porque é nada mais, em última instância, do que esta violência mais forte que as leis. Em última instância, mas apenas em última instância, pois esta violência não se pode exercer sem as formas do direito que a sancionam e a regram, sem as formas politiques que sancionam e regram a detenção do poder de Estado pela classe dominante, tendo em vista a sanção do direito, e sem as formas ideológicas que impõem a sujeição à relação de produção, ao direito e às leis da classe dominante. Se a guerra, entendida no sentido da guerra à qual se entregam dois Estados com seus exércitos, é, segundo Clausewitz, "a continuação da política por outros meios", portanto, é preciso dizer que a política é a continuação da guerra (de classe) por outros meios: o direito, as leis políticas e as normas ideológicas. Mas sem essa guerra, sem essa violência, sem a violência da exploração de classe, não se pode compreender nem o direito, nem as leis, nem a ideologia. A relação de classe é, então, uma relação de luta, de força "anterior a qualquer direito", e é necessariamente uma relação antagonista. É essa relação inconciliável que realiza o primado da luta das classes sobre as classes. É essa "lei", não jurídica, não política, da luta de classes que "conduz necessariamente" (Marx) não somente à ditadura da classe dominante, mas também à alternativa: ditadura da burguesia ou ditadura do proletariado.

Pode-se facilmente imaginar que essa concepção não tenha nada a ver com "a Economia Política", a Sociologia ou a Psicologia, essas formações da ideologia burguesa com as quais o marxismo nada tem a fazer, pois são as próprias armas da luta de classe burguesa na ideologia da "sociedade". Mas observa-se claramente que esta concepção demarca uma política totalmente distinta da concepção burguesa e social-democrata. Se a luta de classes não é ume efeito derivado e mais ou menos contingente da existência das classes, a colaboração de classe e o reformismo tornam-se o que eles são: armas da burguesia em sua luta de classe. Em contrapartida, as organizações da luta de classe operária devem apreender a lei natural e científica que rege a luta de classe e tirar, na teoria e na prática, as consequências de sua alternativa: ditadura burguesa (quaisquer que sejam as formas políticas) ou ditadura do proletariado (quaisquer que sejam as formas políticas? Veremos.). É este o objetivo que O Manifesto designava ao proletariado: "constituir-se em classe dominante". Mas podemos parar por aí? A questão do Estado...Certamente, não se pode parar por aí. Mas precisaria começar por aí, a fim de observar como tudo se ajusta.

Aqui, é preciso um pouco de atenção, pois a questão do Estado é complicada e a teoria marxista nem sempre é bem compreendida. Uma vez admitida a existência da luta de classes e da dominação (ditadura) de classe, subsiste, efetivamente, algo a compreender: por que o Estado? Aqui também, a teoria marxista se opõe à teoria burguesa do Estado. O Estado não é uma realidade exterior à luta de classes, superior à luta de classes, uma realidade com "vocação" superior às classes, universalista ou "espiritual", um árbitro que se identifica, ainda que parcialmente, com o que se designa como "interesse geral" ou "público". O Estado se compreende apenas em função da luta de classes e da dominação de classe. Instrumento da dominação de classe a serviço da classe dominante, o Estado não se presta somente a intervenções pontuais (violentas ou não), mas sobretudo à reprodução das condições gerais (jurídicas, econômicas, políticas e ideológicas) da relação de produção, das relações de classe existentes em proveito da classe dominante.

Quando sustentamos esta concepção com firmeza, descobrimos naturalmente três questões: a questão da natureza própria do Estado, a questão da detenção do poder de Estado e a questão da destruição do aparelho de Estado. Não basta, com efeito, repetir piedosamente as fórmulas: o Estado é o instrumento da dominação de classe na luta de classe etc.; é preciso ainda saber do que é feito esse "instrumento", que não é único e, desdenhando do "funcionalismo", como ele opera. Ora, Marx e Lênin sempre responderam, com extrema insistência, por meio de duas palavras novas (uma vez mais: as palavras novas!): o Estado é um "aparelho", o Estado é uma "máquina". Mas como eles também afirmavam (e com razão), este aparelho era antes de tudo um aparelho de repressão, e essa máquina uma máquina para reprimir, só retiveram dessas palavras (aparelho, máquina), a ideia de um instrumento repressivo, de um mecanismo repressivo, que remete à dominação de classe pela violência etc. Na verdade, deixamos tranquilamente estas palavras de lado: aparelho, máquina. Ora, elas possuem um sentido muito rigoroso. Porque elas têm um sentido em comum, mas não aquele que imaginávamos. O que aparelho e máquina têm, de fato, em comum é significarem "um conjunto mecânico ou orgânico que opera transformações (da matéria, da forma, do movimento, da energia, etc.)". É preciso conceber, pois, o "aparelho" e a "máquina" ao pé da letra e dizer: o Estado é um conjunto de mecanismos que opera transformações, por excelência uma transformação. Qual? Assim como a máquina a vapor opera a transformação do calor em movimento, eu diria que o Estado é esta máquina que transforma a violência em poder, mais precisamente esta máquina que transforma as relações de força da luta de classes em relações jurídicas regradas em lei. Montesquieu não dizia nada diferente quando falava da divisão ou separação de poderes. O que é que transforma a violência de classe em poderes, senão a máquina do Estado e os separa como lhe convém para que a ditadura de classe seja assegurada nas melhores condições? – senão a máquina do Estado? É o próprio sujeito, ainda que cego, do Espírito das Leis. Proponho, então, levar em consideração essa ideia forte de máquina, e dizer: o Estado é essa máquina que opera a transformação da força em poder, da luta de classes em relações jurídicas (direito, leis, normas). Proponho que se diga: o Estado é uma máquina de poder, e que, mediante tal poder, sua própria força, transforma "o poder absoluto acima das leis" em poder das leis.

A vantagem dessa fórmula é a de mostrar que as leis (tudo o que é lei, não somente as leis políticas, mas toda "prescrição", escrita ou não, que "emane da autoridade soberana" e seja do domínio jurídico, político, ideológico) são apenas relações de força, se exercendo sob a forma do direito, ou seja, sob a forma da regra, e que a famosa pureza do direito (seja mercantil ou político, privado ou público) e das normas (ideológicas, religiosas, morais ou filosóficas) é somente a forma transformada da violência das leis, o que esclarece a violência que reina nas leis, e essa violência particular que acompanha o reino consentido das normas, isto é, dos "valores" disfarçados de "ideias": a ideologia. O interesse por essa fórmula é mostrar que, para transformar a violência de classe em leis, o Estado tem necessidade, como qualquer outra máquina, de uma estrutura e de uma força determinadas, que sejam suas e formem seu corpo, muito precisamente de uma estrutura que seja capaz, por sua própria força, de condensar a violência de classe na força do Estado, para servir à sua transformação em leis. Esta estrutura é o que se chama correntemente, com uma expressão equívoca (pois ela pode fazer crer que o Estado existiria antes de seu aparelho), o aparelho de Estado. Mas não tratarei desse ponto importante. Enfim, a vantagem dessa fórmula que define o Estado é a de mostrar a dependência íntima existente entre o Estado e a classe dominante. A teoria marxista traduz essa dependência em duas concepções decisivas que se referem à ditadura do proletariado: o caráter de classe inconciliável do poder de Estado e o caráter de classe do aparelho de Estado. Como o Estado possui, enquanto aparelho e máquina, uma estrutura e uma força próprias, se poderia pensar que, inclusive sendo produto e meio da luta de classes, a inércia da própria força do Estado (enquanto aparelho e máquina) neutraliza-o real ou virtualmente. E o poder de Estado poderia então ser detido, como qualquer instrumento neutro e indiferente ao seu detentor, seja por uma classe ou outra, seja por uma aliança de classes que partilham o poder. Mas acreditar nisso é esquecer que a dependência do poder de Estado em relação à luta de classes abre-se em definitivo para uma única alternativa: somente uma classe pode deter o poder de Estado, a burguesia ou o proletariado.

A natureza de classe (da detenção) do poder de classe é uma proposição essencial da teoria marxista. Essa ideia não exclui, de forma alguma, a necessidade de uma aliança de classe para a conquista do poder de Estado, nem a possibilidade da participação, em igualdade de "direitos" com a classe operária, de várias camadas sociais, no exercício do poder de Estado após a revolução. Ela indica somente, mas em definitivo, que as relações de força na luta de classe fazem com que, seja qual for a aliança ou a participação, o poder de Estado se incline para o lado de uma única classe: a classe efetivamente dominante. O mesmo ocorre com o chamado aparelho de Estado. Nesse caso, também se poderia pensar que, ainda sendo produto e meio da luta de classes, a inércia da própria força do aparelho de Estado o neutraliza real ou virtualmente, e que bastaria à nova classe dominante dar suas ordens ao antigo aparelho para ser obedecida e assegurar assim sua dominação de classe. Mas crer nisso é ignorar que o aparelho de Estado se assemelha a um cão, que obedece apenas a seu dono, é ignorar (abandonemos o cão) a dependência do aparelho de Estado em relação às formas da luta de classes. Pois, nenhuma classe escolhe as formas de sua luta de classe, ou seja, as formas jurídico-político-ideológicas de sua dominação de classe, e, por conseguinte, a estrutura de seu aparelho de Estado são impostas a ela pelas formas de sua exploração econômica e da opressão política e ideológica que depende dela. Eis porque, quando se tornou dominante, conquistando o poder de Estado, a nova classe dominante se vê obrigada, queira ou não, a transformar o aparelho de Estado que herda, para adaptá-lo às suas próprias formas de exploração e de opressão. Essa transformação pode ser mais ou menos profunda e mais ou menos rápida: ela é de qualquer maneira inevitável. Para considerar apenas esse exemplo, a burguesia não podia se impor como classe dominante sem transformar profundamente e de modo duradouro o aparelho de Estado herdado do feudalismo. E se essa transformação demanda tempo, é preciso considerar este tempo no sentido forte: é o tempo necessário à nova classe dominante para transformar, por meio de uma luta de classe adaptada à sua exploração, o aparelho de classe da antiga classe dominante. E como esta luta de classes é somente uma parte do conjunto da luta de classe, e como esse conjunto dura e muda; é preciso não se surpreender se a configuração do aparelho de Estado mudar: como qualquer um pode observar, o aparelho de Estado imperialista de 1976 na França já não é mais o aparelho de Estado capitalista de 1880.

Agora, atingimos em cheio os problemas políticos concretos ligados à ditadura do proletariado: tomada do poder de Estado, destruição do aparelho de Estado, formas políticas da ditadura do proletariado, extinção do Estado...Tentemos, pois, esclarecer um pouco essas questões muito atuais e muito controversas, colocando-nos sempre do ponto de vista ao qual Marx nos convida, ou seja, o ponto de vista da fusão do movimento operário com a teoria marxista; do ponto de vista da ditadura do proletariado; ou simplesmente do ponto de vista da teoria marxista, tal como ela esclarece o conceito de ditadura do proletariado, e tal como o conceito de ditadura do proletariado esclarece a teoria marxista. Inicialmente, a questão da tomada do poder de Estado pelo proletariado. É incontestável que, na tradição histórica e política cujos militantes vivos herdaram, o conceito de ditadura do proletariado é 100% identificado hoje com a tomada violenta do poder de Estado. É um fato que precisaria de todo um estudo histórico e político para esclarecer suas razões. Não posso examinar aqui as causas dessa identificação. Mas o que já está claro é que, do ponto de vista teórico, essa identificação não corresponde à nenhuma necessidade teórica, nem tampouco à nenhuma necessidade histórica geral, a menos que se caia num fatalismo histórico incapaz de se erguer acima da brutalidade do "fato consumado".

Na realidade, considerado em si, ou seja, no contexto da teoria marxista, o conceito de ditadura do proletariado não permite determinar nenhuma das formas concretas de tomada do poder de Estado. Isso não significa que lhe seja indiferente, mas isso quer dizer que: não se pode deduzir do conceito de ditadura do proletariado as formas concretas históricas, da tomada do poder de Estado, em um país determinado, em um momento determinado. Relembro que o conceito de ditadura do proletariado designa "o poder absoluto acima das leis", o poder de classe, na luta de classes, da classe operária que chegou ao poder. Nessas condições, esse conceito não determina em nada, a priori, a forma política (violenta ou pacífica, legal ou não e, portanto, violenta-legal, violenta-ilegal, pacífica-legal, pacífica-ilegal) da crise do poder de Estado. Marx e Lênin eram bem conscientes disso, porque, ainda quando reconheciam que a "passagem pacífica" (portanto, democrática-burguesa) da classe operária ao poder de Estado fosse "excepcional" e, apesar de que, no tempo deles, a situação histórica impunha praticamente a passagem insurrecional, eles reconheciam, entretanto, a "possibilidade". E não se pode objetar que as razões que eles tinham em favor dessa possibilidade (a debilidade do aparelho de Estado na Inglaterra ou nos Estados Unidos) desapareceram com as circunstâncias. O que as circunstâncias desfizeram, outras podem refazer. E, como se tratava em definitivo de uma possibilidade que, no espírito de Marx e Lênin, repousava apenas sobre a estimativa de uma relação de forças, por que outras circunstâncias não poderiam conduzir à mesma conclusão? O essencial é evidentemente não se equivocar sobre a estimativa da relação de forças. Por conseguinte, pode-se concluir com toda certeza e afirmar claramente que o conceito de ditadura do proletariado não possui nenhuma competência teórica para decidir entre a passagem violenta ou a passagem pacífica ao "socialismo".

O que somente pode decidir esta opção histórica é a relação de forças existente na luta de classes atual. A questão da destruição do aparelho de Estado, que tem correlação com a construção de um novo aparelho de Estado, é aparentemente a mais difícil. Pois, enfim, por que o proletariado, convertido em classe dominante por meio da tomada do poder de Estado, não imitaria as outras classes dominantes? Por que ele também não se contentaria em transformar mediante a luta de classes, o aparelho de Estado que herda, por que ele também renunciaria a passar por diferentes configurações do aparelho de Estado? Aliás, é o que parece dizer Lenin quando afirma a possibilidade da existência dessas "diferentes formas políticas" sob a ditadura do proletariado. Mas por que é absolutamente necessário, segundo as palavras de Marx e Lênin, este também fazendo uma espécie de violência contra a linguagem, "quebrar" ou "destruir" o aparelho de Estado burguês? Bons observadores que sabem, desde Engels e as metralhadoras, que o tempo das barricadas acabou, relembram-nos que o aparelho de Estado burguês compreende "tropas de homens armados", de uma potência tão desmesurada frente a toda insurreição popular, e representa um perigo mortal para qualquer tentativa das massas revolucionárias (vejam o Chile). Mas esses profetas que falam sempre das armas dos outros, são profetas que desarmam. Pois, por pouco que se conheça as relações de classe, que são, em última instância, determinantes, o que impede de comparar as forças das classes às forças das armas? E o que impede responder justamente que, se se trata de uma questão de relação de forças, e se, em uma circunstância determinada, em um país determinado, em uma época definida, a relação das forças de classe é muito favorável, se a aliança de classe é muito poderosa, e se, ao mesmo tempo (e pelas mesmas razões), o aparelho de Estado burguês é profundamente abalado e dividido, isto é, pelo menos em alguns de seus ramos, em parte, claro ou confusamente ganhos pela causa popular, - então, por que não? Alguém pode achar que se eu falo assim das forças armadas, equiparando-as às forças de classe, parece que falo de insurreição e de guerra civil e, portanto, de tomada do poder de Estado e não da destruição do aparelho de Estado. Mas que ninguém se engane. Trata-se de uma única e mesma questão, pois, em última análise, sempre enfrentamos as mesmas armas, caso se queira tomar o poder de Estado ou destruir o aparelho de Estado. A esta mesma questão eu respondo com a mesma interrogação: se todas as condições de forças requeridas são atendidas, então por que não? Contudo, Marx e Lênin insistem claramente: "quebrar", "destruir" o aparelho de Estado. E aprendemos a levar a sério a insistência deles. Eles queriam dizer, como os anarquistas, que é preciso "fazer tábula do Estado"? Não, porque se trata de substitui-lo por um novo Estado, um Estado singular, um "Estado que seja um não-Estado", ou ainda, uma "Comuna" ou um bem-estado. Este novo Estado é o Estado da ditadura do proletariado em pessoa. Evidentemente, para que este Estado singular seja o Estado da ditadura do proletariado, é preciso fazer mais do que transformar o antigo Estado burguês, é preciso "quebrar" e "destruir" alguma coisa no Estado burguês: precisamente aquilo que o faz ser o Estado da ditadura da burguesia. Mas, o quê? Somente pode-se responder essa primeira questão sobre a destruição do aparelho de Estado burguês, fazendo uma segunda questão sobre o definhamento do Estado. O que quer dizer, concretamente, que a questão da destruição do aparelho de Estado burguês somente se compreende a partir do definhamento do Estado, ou seja, a partir da perspectiva do comunismo. Essa condição é absoluta.

Ao tornar-se dominante pela tomada do poder de Estado, a classe operária não se encontra na mesma situação que as antigas classes dominantes. Todas as antigas classes dominantes eram classes exploradoras: tinham (pensem na burguesia) feito seu ninho na antiga sociedade, lançado os bases materiais e sociais de um novo modo de produção, se introduzido no aparelho de Estado. Elas não tinham em mente de modo algum "destruir", mas simplesmente substituir uma forma de exploração por outra. Isto era perigoso? Pode-se chegar a um acordo. É dando que se recebe: o aparelho de Estado da antiga classe dominante poderia colocar-se novamente em funcionamento, bastando transformá-lo sob medida, para adaptá-lo à nova forma de exploração. O antigo Estado não demandava outra coisa: colocar-se novamente em funcionamento. A classe operária é uma classe diferente, é de uma outra natureza. É uma classe explorada, que não explora nenhuma classe. É a primeira classe na história que chega ao poder sem impor um modo de produção já instalado na antiga sociedade e sem a cumplicidade objetiva que existe sempre entre as classes exploradoras. A classe operária não oculta seus objetivos: o fim da exploração, a sociedade sem classes, o comunismo. Faz mais de 130 anos que os proclama, que forjou organizações da luta de classe, que deu mostras de sua resolução através de seus sacrifícios. Ela luta abertamente pelo comunismo. Atemoriza mais que a antiga burguesia: com a classe operária não mais existe o toma lá, dá cá. Ela convoca a união popular: mas é preciso dizer sim à união popular, e que o sim seja um sim. É possível que por uma iluminação milagrosa o aparelho de Estado burguês exija colocar-se novamente em funcionamento? A classe operária é a que menos gostaria de vê-lo. Pois, quando se pensa na função policial, militar, econômica, política e ideológica do Estado; quando se pensa não somente no Estado visível (as instituições políticas, a polícia, o exército, os tribunais etc.), mas também no Estado invisível, em todos os vínculos infinitamente sutis, mas sólidos da ideologia burguesa que brotam dos aparelhos ideológicos de Estado; quando se pensa que é necessário não somente dominar esse aparelho de Estado, mas transformá-lo para ir até o comunismo, neste momento, a palavra "transformar" torna-se frágil e a palavra "quebrar" começa a soar.

Direi simplesmente o seguinte: entre o mundo da burguesia e o mundo do comunismo há, em algum lugar, uma ruptura; entre a ideologia burguesa, que domina, estrutura e inspira todo o aparelho de Estado e seus diferentes aparelhos (repressivos e ideológicos: o sistema político, sindical, escolar, a informação, a "cultura", a família etc.), seu dispositivo, sua divisão do trabalho, suas práticas etc., e a ideologia do comunismo, há, em algum lugar, uma ruptura. "Quebrar" o aparelho de Estado burguês é encontrar, a cada momento, para cada aparelho, ou mesmo para cada ramo de um aparelho, a forma justa desta ruptura e levá-la a cabo concretamente no próprio aparelho burguês. Como todo mundo, tenho alguma ideia sobre o sentido dessa "destruição", mas, como são ideias de um indivíduo, eu as guardo em silêncio. Não se trata de derrubar as instituições da noite para o dia, nem a fortiori abater as pessoas. A destruição do aparelho de Estado burguês é uma tarefa política que, como qualquer outra tarefa política, exige uma análise, uma estratégia e uma tática e, acima de tudo, que se reconheça o "elo decisivo" e, caso se queira agir, o momento oportuno para cada ação. Para pegar apenas um exemplo, Lênin dizia que, depois da tomada do poder de Estado, era preciso quebrar essa peça essencial do aparelho de Estado burguês que é a democracia parlamentar. Como ele concebia essa "destruição"? Ele desejava tornar a democracia parlamentar "ativa e viva", suprimindo, em particular, a divisão do trabalho entre o legislativo e o executivo, tornando, a todo momento, os eleitos revogáveis pelo povo. Destruição? Era na realidade um remodelamento profundo, para tornar esse aparelho político apto a servir ao comunismo.

Uma questão permanece, entretanto, em aberto: quais podem ser as formas políticas nas quais se realiza a ditadura do proletariado? Creio ter demonstrado que não se podia deduzir da ditadura de uma classe (burguesia, proletariado) as formas políticas nas quais também se realiza essa ditadura. Digo também, para clarificar o sentido, que a ditadura de classe se realiza no âmbito da sociedade inteira, ou seja, não somente pelas formas políticas de seu poder, mas também pelas formas de sua exploração econômica e pelas formas de sua dominação ideológica.

É decisivo mencionar essas três formas: econômica, política e ideológica – para que não se fique obscurecido pelo que se passa no único nível chamado político. Dito isto, é preciso descartar um mal-entendido fundamental, que infeliz mente pesa ainda sobre a "questão" da ditadura do proletariado e que assimila a ditadura do proletariado às diferentes formas possíveis da ditadura política, quer seja ela o feito de um homem (Stálin) ou de um partido (o partido comunista): a ditadura do proletariado, que se limita a indicar o fato da dominação de uma classe na luta de classes, não impõe nunca a priori a forma política de sua realização, seja aquela da ditadura, definida politicamente como poder tirânico, seja a de um homem ou de um partido. Que Lênin pudesse, em determinado momento da história da revolução soviética, constatar que a ditadura do proletariado se exercia, de fato, sob a forma da ditadura política do partido bolchevique, confundido com o imenso aparelho de Estado, muito mal estruturado e muito fortemente burocratizado, e denunciar esse desvio em termos patéticos, prova ao mesmo tempo o risco histórico sempre possível de uma confusão, ou de uma degenerescência - que Stálin devia consagrar com hesitação de fala ou de consciência -, mas também a incompatibilidade e a heterogeneidade de princípio dos termos: ditadura do proletariado e forma política da ditadura.

Confusão histórica, incompatibilidade ou heterogeneidade teórica e política dos termos, não devemos ocultá-lo: aqui estamos numa encruzilhada dos caminhos. O que devemos compreender não é que existem caminhos (temos para isso cartógrafos de sobra), mas que eles se cruzam, ou seja, divergem. Devemos compreender que, sobre a questão das formas políticas da ditadura do proletariado, existem caminhos que se cruzam não por acaso, mas por necessidade. É essa necessidade que é preciso explicar, agora ou nunca. Para ver aonde os caminhos conduzem, sobretudo quando se cruzam, é necessário mirar longe no horizonte: é preciso ter uma estratégia, a estratégia do comunismo. É preciso mirar longe no futuro da luta de classes, caso contrário, dizia Marx, a melhor organização da luta de classe proletária cai no oportunismo: basta-lhe sacrificar os interesses do futuro do proletariado nos seus interesses imediatos. Pois, enfim, não se levou a sério, realmente a sério o que Marx dizia do socialismo: período de transição entre o modo de produção capitalista e o modo de produção comunista. Não se levou a sério essa simples realidade: não existe modo de produção socialista, mas uma transição, a forma inferior do comunismo, que se chama socialismo (Marx). E, por conta disso, não se levou tampouco a sério essa outra realidade: do mesmo modo que não existe modo de produção socialista, não existem (é simples) relações de produção socialistas. E tampouco se levou a sério a seguinte ideia de Marx e de Lênin: a luta de classe prossegue no período de transição chamado socialismo (e a prova é que o Estado subsiste nele) sob novas formas, sem relação visível com as formas familiares ao modo de produção capitalista, mas como uma existência real.

O que há por trás de todas essas afirmações concordantes e que a prática de Lênin sob a Revolução soviética jamais desmentiu? Há essa definição de Lênin do período de transição, portanto, do socialismo: período definido pela contradição entre o capitalismo e o comunismo, pela contradição entre "elementos" capitalistas e "elementos" comunistas. Os termos ("elementos") não são seguramente os mais adequados. Mas é isso uma ideia vaga ou abstrata? Certamente não. Quando a classe operária, que conseguiu o poder de Estado, toma suas primeiras medidas, o que ela faz? Ela expropria (pela lei ou, como em Portugal, pela vontade dos trabalhadores: os trabalhadores dos bancos "tomaram o poder em suas empresas", a lei veio apenas depois. Que venha antes ou depois, a lei não é nada mais que uma forma de violência feita à realidade estabelecida) os detentores dos meios de produção e de troca. Ao fazer isso, a classe operária "nacionaliza" os grandes meios de produção e de troca. Eis aqui o ponto absolutamente decisivo, eis aqui a encruzilhada: considerado em si mesmo, esse ato é contraditório. Pois nacionalizar, é destruir a classe burguesa em suas fortalezas, nacionalizar é, então, traçar formalmente o futuro da apropriação dos meios de produção, é antecipar formalmente a abolição da "separação" entre os produtores diretos e os meios de produção que define o modo de produção capitalista, é, portanto, se comprometer formalmente com a via ao comunismo. Mas, ao mesmo tempo, nacionalizar não é nada diferente do que revestir o capitalismo de uma nova forma, a forma do capitalismo de Estado que assombrava Lênin, e que não é nada diferente da realização da tendência mais profunda do capitalismo, daquela que não se quer falar, a de um "capitalismo sem capitalistas" (Marx), onde o Estado burguês concentra e distribui as funções da acumulação e do investimento e, portanto, a reprodução da relação capitalista. Sim, da relação capitalista, porque o salariado subsiste, e com ele a exploração e as relações mercantis, ou seja, o poder do dinheiro.

Ao estudar as primeiras formas de existência histórica do modo de produção capitalista, Marx distinguia a "subsunção formal" (na qual subsistem as antigas formas de trabalho, o "ofício" dos artesãos, sob a nova relação capitalista: o salariado) da "subsunção real" (na qual as antigas formas de trabalho, o "ofício" dos artesãos, correspondem à nova relação capitalista da divisão e da organização do trabalho, fim do ofício, trabalho "supérfluo", fragmentado, parcelado), que correspondem à nova relação capitalista (a concentração, a divisão do trabalho e sua concentração capitalista). É uma contradição desse gênero que se opera na apropriação coletiva dos meios de produção: com a diferença de que é a antiga relação (capitalista) que deve ser submetida à nova forma (comunista).

Digo forma comunista, porque ela é, na transformação das condições da produção (propriedade coletiva, planificação), apenas formal, já que ela não enceta a relação de produção (o salariado), não toca na organização e na divisão do trabalho. Mas digo ao mesmo tempo forma comunista, porque ela já está posta em marcha, uma subsunção que tende para seu futuro, que espera desse futuro que ele lhe dê a realidade e a existência. É verdade que tudo se opera nessa indecisão, nessa encruzilhada: ou a antiga relação capitalista levará vantagem sobre a nova forma comunista ou a nova forma comunista se tornará real e se imporá como a nova relação. Nesta alternativa, o que decide é a relação de forças na luta de classes. Mas como dizer? Nesse começo e por muito tempo, a luta de classes, que permanece ancorada na produção, que é sua praça-forte, se desloca para outros lugares e se exprime por outras formas, que não concernem apenas à produção, mas também à superestrutura. A luta de classes se desenvolve no novo Estado, que detém a nova propriedade dos meios de produção e de troca, e em torno deste Estado, e em torno do novo caráter de classe deste Estado e de seu aparelho, no partido e em torno do partido da classe operária, que organizou a luta de classe das massas, nas massas e em torno das próprias massas, de suas capacidades e de sua vontade revolucionárias. É então que se procede uma enorme e longa prova de força, que se chama a luta de classes sob a ditadura do proletariado, simultaneamente na produção, na política e na ideologia.

Se então alguém se pergunta quais são as formas políticas próprias à ditadura de classe do proletariado, veremos que elas derivam naturalmente das características próprias e das condições concretas dessa luta de classe. Para que a subsunção formal do comunismo se torne o comunismo real, para que a apropriação formal dos meios de produção torne-se real, para que a indecisão da relação de produção se incline para o lado do comunismo e não para o do capitalismo, é preciso que todas as forças das massas populares, multiplicadas por dez, com o máximo de lucidez e consciência, entrem no jogo da luta de classes. O que, por um momento, parecia racionalmente referir-se apenas à "destruição" do aparelho de Estado, como a invenção de novas formas adequadas para se destituir o Estado de suas funções transformadas, torna-se cem vezes mais verdadeiro quando se trata da luta de classe em toda a sua amplitude. Sem "a mais ampla democracia de massa", a luta de classe proletária ou, dito de outra forma, a ditadura do proletariado, é impossível e impensável. Democracia, portanto. E Lênin acrescenta: "democracia até suas últimas consequências". Mas essas palavras, emprestadas também da linguagem da política existente, ou seja, burguesa, não enganam sobre seu sentido. É uma democracia distinta da democracia burguesa, parlamentar, com suas eleições fraudulentas, a demagogia de seus dispositivos (tudo para a clientela eleitoral), sua estabilidade artificial (dos eleitos por tantos anos), sua divisão do trabalho interna e externa (o legislativo separado do executivo e do judiciário) etc., que se trata. E quando Lênin afirma "democracia até suas últimas consequências", é preciso segui-lo na margem do rio, para perceber que a democracia de massa começa na outra margem.

Que a "democracia de massa" incorpore, transformando-as, as formas de democracia parlamentar, que ela quebre, indubitavelmente, as interdições de sua divisão do trabalho. Mas "quebre" também a interdição de duas outras grandes divisões do "trabalho" ante as quais a democracia parlamentar burguesa é cega: aquela que se realiza na produção e aquela que se realiza na ideologia. Como não ver a hipocrisia dessa democracia burguesa que não quer saber nada sobre o que se passa no local de trabalho, na exploração, não quer saber nada sobre as condições reais (elas mudam constantemente), não quer saber nada sobre as condições de moradia dos trabalhadores, não quer saber nada sobre suas condições de "transporte" individual ou coletivo? Como não denunciar a hipocrisia dessa democracia burguesa que confina, ou seja, estrangula, a política na ação dos eleitores e nas deliberações dos deputados, e que ignora soberbamente o que se passa no terreno da ação do aparelho de Estado e dos outros aparelhos ideológicos de Estado? A democracia de massa, segundo Lênin, é a intervenção das massas não somente na política, no sentido burguês, através do sistema parlamentar, mas também no aparelho de Estado, na produção, na ideologia. É preciso encontrar as formas apropriadas? Sim, afinal de contas, não é tão difícil, mas para encontrá-las, é preciso procurá-las e inventá-las, ainda que para isso seja preciso inicialmente conhecê-la e desejá-la. E é verdade que não se pode desejá-la se não se reconhece que essas intervenções são vitais para a luta de classes das massas, se não se sabe que o direito, as leis e as normas são os meios e as apostas da luta de classes, se não se sabe que a política, concebida no sentido estreito que lhe dá a burguesia, é somente uma pequena província no imenso domínio da luta de classes. Conhecer isso depende de uma experiência. Ela se faz pela prática das massas. Ela se concentra na experiência da luta de classes. Ela se transmite pela memória das massas que são suas organizações da luta de classes. Se não se confunde com o Estado, se está atento à vontade das massas, o partido comunista, "um passo adiante, mas somente um passo", e sobretudo nada de três passos para trás, pode desempenhar um papel decisivo. E seu papel é a tal ponto decisivo que se pode dizer justamente que a posição do partido pode servir de testemunho, na encruzilhada de caminhos da ditadura do proletariado, à boa orientação da tendência histórica. Diz-me como funciona o teu partido e eu te direi quais são as formas políticas de tua ditadura do proletariado, diz-me quais são essas formas e eu te direi se teu Estado definha ou se reforça, diga-me qual é o teu Estado, e eu te direi de qual classe, proletária ou burguesa, é tua ditadura. É um modo de dizer. Pois se pode fazer o mesmo juízo tomando as coisas por qualquer outro ângulo. Diz-me qual é a tua organização do trabalho... diz-me qual é a tua planificação... diz-me quais são teus sindicatos... diz-me qual é a tua "revolução cultural" etc.

Em todos os casos, as questões conduzem à mesma encruzilhada: com qual ditadura nos engajamos? Para qual ditadura estamos em marcha? E isso quer que se queira ou não. Que aqueles que puderem, releiam Lênin e leiam Étienne Balizar, que o explica de maneira esclarecedora em seu último livro: encontrarão em cada página, ou em quase todas, essas questões, ou seja, a cada vez, a mesma questão lancinante: onde estamos? Para onde vamos? A mesma questão lancinante e dramática: porque para ter uma resposta, é preciso colocar todas essas questões ao mesmo tempo e, como uma remete à outra, é necessário considerá-las todas em conjunto. Mas o que mantém todo o conjunto de questões no espírito de Lênin, nos piores horrores da guerra e da guerra civil, nas catástrofes da fome e nas duras provas do bloqueio mundial, é a visão sagaz de uma luta sem clemência, que vai se inclinar para uma ditadura caso não se mantenha pela consciência, pelo esforço, pelo heroísmo e pelo sangue da outra ditadura, aquela de uma classe operária que sabe que é combate de vida e de morte: "A ditadura é uma importante palavra, rude, sangrenta, uma palavra que expressa a luta sem clemência, a luta até a morte de duas classes, de dois mundos, de duas épocas da história universal. Não se jogam tais palavras ao vento". É por isso que recordo todos esses pontos teóricos: não é preciso se deixar intimidar por aqueles que invocam hoje contra a teoria que dificulta uma prática que lhes convêm. A história tem demonstrado que a teoria marxista, quando não é recitada como uma oração ou invocada como uma autoridade, fala diretamente do real e de um modo surpreendente. Por exemplo, se se destrói ou transforma o aparelho de Estado burguês, sem construir imediatamente um novo aparelho de Estado que não sirva, mediante a intervenção das massas, a seu próprio definhamento, teremos um novo aparelho de Estado burguês. O definhamento deve começar no momento da destruição ou da transformação. E isso não são palavras ao vento. O processo começa quando as organizações surgidas das massas se encarregam de certas funções do novo Estado: desde sua instalação, ou mesmo antes. Isso é um paradoxo? Não creio. Pois não há um tempo único na luta de classes, mas tempos que se entrecruzam, um avançado, outro em espera. Há coisas que podem começar antes da revolução e que depois serão efeito da revolução. Onde? Quando? Basta abrir os olhos. O que são, portanto, as organizações comunistas da luta de classe senão já o comunismo? E o que são então essas iniciativas populares que se vê nascer aqui e ali, na Espanha, na Itália ou em outros lugares, nas fábricas, nos bairros, nas escolas, nos asilos, senão já o comunismo?

Eis porque, em uma última palavra, defendo o conceito de ditadura do proletariado. Porque, reestabelecido, ele nos abre a estratégia do comunismo. Ele nos lembra, e é hoje um ponto doloroso e crucial, que o socialismo não é um modo de produção, no qual as "relações de produção socialistas" "corresponderiam" a determinadas forças produtivas. Não existe um modo de produção socialista, não há relações de produção socialistas. [Ele nos lembra] que o socialismo não é essa sociedade estável, dotada de um poderoso Estado monopolista que sabe guardar-se das crises e distribuir a segurança do emprego e dos serviços sociais, - mas um "período de transição" contraditório, no qual, esperamos, os elementos comunistas ganham cada dia mais terreno sobre os elementos capitalistas, no qual a luta de classe e as classes continuam existindo sob formas novas, no qual a iniciativa das massas encarrega-se cada vez mais das funções do Estado, na perspectiva, não de um "socialismo desenvolvido", mas simplesmente do comunismo. E porque falo de comunismo, o conceito de ditadura do proletariado nos lembra também, e acima de tudo, que o comunismo não é uma palavra, nem um sonho para não se sabe qual futuro perdido. O comunismo é nossa única estratégia, e, como toda estratégia verdadeira, não somente dá a orientação hoje, mas começa hoje. Ou melhor, ele já começou. Ele nos repete a velha frase de Marx: o comunismo não é para nós um ideal, mas o movimento real que se reproduz aos nossos olhos. Sim, real. O comunismo é uma tendência objetiva já inscrita em nossa sociedade. A coletivização crescente da produção capitalista, as formas de organização e de luta do movimento operário, as iniciativas das massas populares e – por que não? – certas audácias de artistas, escritores, pesquisadores são desde agora esboços e traços do comunismo. É preciso crer que Lênin dizia algo desse tipo quando afirmava, com suas próprias palavras, que são também nossas: a ditadura do proletariado é a democracia das mais amplas massas, uma liberdade que os homens jamais conheceram!

Os três argumentos teóricos de Lênin sobre a ditadura do proletariado

Étienne Balibar

1977

Étienne Balibar (1942 -) é um filósofo marxista francês e o aluno mais célebre de Louis Althusser. Também é um dos principais expoentes da filosofia marxista francesa e autor de Spinoza e a Política, A Filosofia de Marx e coautor de Raça, Nação e Classe e A Leitura do Capital. Em 1961 adere ao Partido Comunista. Em 1976, o Partido Comunista Francês abandonou formalmente a ditadura do proletariado como fase estratégica na transição para o comunismo na Europa ocidental. No ano seguinte, Balibar escreve "Sobre a Ditadura do Proletariado".

Todos sabem que nem Lênin nem Marx e Engels jamais escreveram um "tratado" sobre a ditadura do proletariado (o que veio a ser feito depois). Quanto a Marx e Engels, a razão é óbvia: exceto as breves e fragmentárias experiências das revoluções de 1848 e da Comuna da Paris, cujas principais tendências eles descobriram e analisaram, os dois pensadores nunca tiveram oportunidade de estudar "exemplos reais" dos problemas da ditadura do proletariado. No caso de Lênin, o motivo é outro: o pensamento político confrontou-se pela primeira vez com a verdadeira experiência da ditadura do proletariado. No entanto, essa experiência foi extraordinariamente difícil e contraditória. São as contradições da ditadura do proletariado, como estava começando a desenvolver na Rússia, que formam o objeto da análise e dos argumentos de Lênin. Se esquecemos esse fato, nos tornamos presa fácil do dogmatismo e do formalismo: o leninismo será representado como uma teoria acabada, um sistema fechado – como de fato o foi, por muito tempo, pelos partidos comunistas. Mas se, por outro lado, nos contentarmos com uma visão superficial dessas contradições e de suas causas históricas, se nos limitarmos à ideia simplista e falsa segunda a qual temos que "escolher" entre teoria e história, vida real e prática, se interpretarmos os argumentos de Lênin simplesmente como reflexo de circunstâncias em permanente mutação, tanto menos aplicáveis quanto mais distantes dos eventos históricos que lhes deram origem, então as causas reais dessas contradições históricas tornam-se ininteligíveis e nossa própria relação com elas torna-se invisível. Estaremos, portanto, no domínio da fantasia subjetiva. Nas análises concretas de Lênin, em seus slogans táticos, expressa-se um esforço permanente para compreender tendências históricas genéricas e formular seu conceito correspondente. Se não compreendermos esse conceito, não poderemos estudar, de maneira crítica e científica, a experiência histórica da ditadura do proletariado.

A fim de ser o mais claro possível, examinarei *en bloc* o que me parece constituir a base de tal teoria como elaborada por Lênin.

A teoria da ditadura do proletariado pode ser resumida, em linhas gerais, em três argumentos, ou três grupos de argumentos, que são incessantemente repetidos e postos à prova por Lênin. Eles podem ser encontrados de forma idêntica, explícita ou implicitamente, em cada página dos textos que cobrem o período da revolução russa, aparecendo, em particular, sempre que uma situação crítica ou um momento decisivo na revolução necessita de retificação no nível da tática, com base nos princípios do marxismo, a fim de realizar a unidade entre teoria e prática. Quais sãos esses três argumentos?

O primeiro deles trata do poder estatal.

Pode-se resumi-lo dizendo que, do ponto de vista histórico, o poder estatal é sempre o poder político de uma única classe, que o detém na sua capacidade de classe dominante. Isso é o que Marx e Lênin querem dizer quando afirmam que toda forma de poder estatal é uma "ditadura de classe." A democracia burguesa é uma ditadura de classe (a ditadura da burguesia); a democracia proletária da classe trabalhadora é também uma ditadura de classe. Sejamos mais precisos: esse argumento implica que, na sociedade moderna, que se baseia no antagonismo entre a burguesia capitalista e o proletariado, o poder estatal é controlado de maneira absoluta pela burguesia, que não o compartilha com nenhuma outra classe, nem mesmo entre suas próprias frações. Este fato é verdadeiro qualquer que sejam as formas históricas particulares em que se realiza a dominação política da burguesia, quaisquer que sejam as formas particulares das quais a burguesia lança mão, na história de cada formação capitalista, a fim de preservar seu poder estatal, que é constantemente ameaçado pelo desenvolvimento da luta de classes.

A primeira tese tem a seguinte consequência: a única alternativa histórica possível ao poder estatal da burguesia é um domínio igualmente absoluto do poder do estado pelo proletariado, a classe dos trabalhadores assalariados explorados pelo capital. Assim como a burguesia não pode dividir o poder estatal, também o proletariado não pode dividi-lo com as demais classes. E esse controle absoluto do poder estatal é a essência de todas as formas da ditadura do proletariado, quaisquer que sejam suas transformações e variantes históricas. Falar de uma alternativa, no entanto, é bastante impreciso: deveríamos afirmar, ao invés, que a luta de classes conduz inevitavelmente ao estado controlado pelo proletariado. Mas é impossível prever com precisão tanto o momento em que o proletariado será capaz de tomar o poder do estado quanto as formas particulares em que irá fazê-lo. Também não podemos garantir o sucesso da revolução proletária, como se ele fosse automático. O desenvolvimento da luta de classes não pode ser planejado nem programado.

O segundo argumento diz respeito ao aparato estatal.

Podemos sumariá-lo da seguinte maneira: o poder estatal da classe dominante não existe na história, nem pode ser realizado e mantido senão por sua materialização no desenvolvimento e funcionamento do aparato estatal – ou, para usar uma das metáforas de Marx que Lênin toma emprestada a todo momento – no funcionamento da "máquina estatal," cujo núcleo (o principal aspecto, mas não o único – Lênin jamais afirmou tal exclusividade) é constituído pelo(s) aparato(s) repressivo(s) do estado. São eles: o exército, bem como a polícia e os aparatos legais; de outro lado, a administração estatal ou "burocracia" (Lênin usa os dois termos mais ou menos intercambiavelmente). Essa tese tem a seguinte consequência, com a qual está absolutamente vinculada: a revolução proletária, isto é, a derrubada do poder estatal da burguesia, é impossível sem a destruição do aparato estatal existente, em que o poder estatal da burguesia se realiza materialmente. A menos que esse aparato seja destruído – o que é uma tarefa difícil e complexa – a ditadura do proletariado não pode se desenvolver e cumprir sua tarefa histórica: a eliminação das relações de exploração e a criação de uma sociedade sem exploração de classe. A menos que esse aparato seja destruído, a revolução proletária será inevitavelmente derrotada e a exploração será mantida, quaisquer que sejam as formas históricas no interior das quais esse fenômeno ocorra.

Está claro que os argumentos de Lênin têm consequências imediatas para ambos o estado e a ditadura do proletariado. Os dois problemas são inseparáveis. Na teoria marxista, não temos de um lado uma teoria geral do estado e de outro uma teoria (particular) da ditadura do proletariado. Há apenas uma teoria.

Os dois primeiros argumentos, examinados acima, já estão presentes de forma explícita em Marx e Engels. Eles não foram descobertos por Lênin, embora o revolucionário russo os tenha resgatado da deformação e censura às quais haviam sido sujeitados na versão da teoria marxista ensinada oficialmente pelos partidos social-democratas. O que não significa que, nesse ponto, o papel de Lênin e da Revolução Russa não tenham sido decisivos. Mas se restringirmos nossa atenção àquele núcleo teórico que venho debatendo, é verdade que tal papel consistiu sobretudo numa aplicação da teoria de Marx e Engels pela primeira vez, de forma efetiva, no campo da prática. A revolução permitiu que houvesse uma fusão entre a prática revolucionária do proletariado e das massas, de um lado, e da teoria marxista do estado e da ditadura do proletariado, de outro – uma aliança inédita. O que significa que, embora tenha havido progressos importantes no movimento trabalhista depois da época de Marx, eles foram acompanhados de uma diminuição considerável em sua autonomia, em sua independência prática e teórica da burguesia e, portanto, em sua força política. Foi a transformação do marxismo em leninismo que permitiu ao proletariado superar essa regressão histórica.

Isso nos leva ao terceiro argumento, que tem a ver com o socialismo e o comunismo.

Trata-se de um argumento com alguns precedentes, com elementos preparatórios na obra de Marx e Engels. Obviamente não é por acaso que Marx e Engels apresentaram sua posição como comunista, e somente adotaram explicitamente o termo "socialista" (e ainda mais o termo "social-democrata") como uma concessão. Podemos mesmo afirmar que, na ausência dessa posição (e da tese que ela implica), a teoria de Marx e Engels seria ininteligível. Mas eles não tiveram oportunidade de desenvolvê-la plenamente. Essa tarefa coube a Lênin e, ao levá-la a cabo, ele baseou-se no desenvolvimento da luta de classes no período da revolução russa – da qual sua obra é, portanto, o produto, no sentido forte do termo. Tal argumento está agora encontrando o destino a que foram condenados os dois primeiros na época anterior a Lênin e à revolução russa: tem sido "esquecido" e deformado (com consequências dramáticas) ao longo da história do movimento comunista e do leninismo, assim como padeceram de esquecimento e deformação, através da história do marxismo, os dois argumentos anteriores.

Uma primeira formulação, bastante abstrata, foi esboçada por Marx no Manifesto Comunista e na Crítica ao Programa de Gotha: somente o comunismo é uma sociedade sem classes, uma sociedade em que todas as formas de exploração desaparecem. E, uma vez que as relações capitalistas constituem a última forma histórica possível de exploração, isso implica que somente relações sociais comunistas, no campo da produção e na vida social como um todo, estão de fato em antagonismo com as relações capitalistas; somente elas são realmente incompatíveis, irreconciliáveis com as relações capitalistas. Isso implica uma série de consequências imensamente importantes, ao mesmo tempo práticas e teóricas. Primeiramente, temos que o socialismo não é senão a ditadura do proletariado. A ditadura do proletariado não é simplesmente uma forma de "transição para o socialismo," não é um "caminho de transição para o socialismo" – é, na verdade, idêntica ao socialismo. Não há, portanto, dois objetivos diferentes, a serem alcançados separadamente: primeiro o socialismo e depois – uma vez que o socialismo tenha sido construído, completo, uma vez que tenha se "desenvolvido" (ou "desenvolvido a um estágio elevado"), i.e., aperfeiçoado, uma vez que tenha, como se diz, criado "as bases do comunismo" – em segundo lugar, um novo objetivo, a transição ao comunismo, a construção do comunismo. Há, na verdade, apenas um objetivo, cujo conquista se estende por um longo período (muito mais longo e contraditório, sem dúvida, que imaginado pelos trabalhadores e seus teóricos). Mas esse objetivo determina, desde o princípio, a luta, a estratégia e as táticas do proletariado.

O proletariado, as massas proletárias e toda a multidão que o proletariado arrasta consigo não lutam pelo socialismo como um objetivo independente. Elas lutam pelo comunismo, para o qual o socialismo é somente o meio, não passando de sua forma inicial. Nenhuma outra perspectiva interessa a tais atores, no sentido materialista do termo. Eles lutam pelo socialismo somente porque essa é a maneira de chegar ao comunismo. E lutam pelo socialismo com os meios fornecidos pelas ideias comunistas, pela organização comunista (na verdade, pelas organizações comunistas, já que o Partido é apenas uma delas – embora seu papel seja obviamente decisivo). Em última instância, as massas estão lutando para fortalecer a tendência ao comunismo, que está objetivamente presente na sociedade capitalista, e que o desenvolvimento do capitalismo reforça e fortalece.

Segue-se uma consequência muito importante, que colocarei de forma abstrata: a teoria do socialismo é somente possível quando desenvolvida a partir da perspectiva do comunismo, com base numa práxis comunista. Se deixarmos de lado essa posição, se a perdermos de vista, se as dificuldades extraordinárias para a atingir nos levarem a ignorá-la ou abandoná-la na prática – ainda que lhe reservemos um lugar em nossa teoria ou que falemos dela como um ideal distante – então o socialismo e a construção do socialismo se tornam impossíveis, ao menos na medida em que representa uma ruptura revolucionária com o capitalismo.

Trata-se agora não de desenvolver todas as implicações desses argumentos, mas simplesmente de preparar uma análise mais completa, de explicar a maneira como são formulados, e de opor-se a certas interpretações falsas e objeções infundadas.

pólen bold 90 gr/m2
tipologia calisto mt
impresso no outono de 2025